Duden

Richtig
gendern

Wie Sie angemessen und verständlich schreiben

Von Gabriele Diewald und Anja Steinhauer

Dudenverlag
Berlin

Die Duden-Sprachberatung beantwortet Ihre Fragen zu Rechtschreibung, Zeichensetzung, Grammatik u.Ä. montags bis freitags zwischen 09:00 und 17:00 Uhr.

Aus Deutschland: 0900 1870098 (1,99€ pro Minute aus dem Festnetz)
Aus Österreich: 0900 844144 (1,80€ pro Minute aus dem Festnetz)
Aus der Schweiz: 0900 383360 (3.13 CHF pro Minute aus dem Festnetz)
Die Tarife für Anrufe aus den Mobilfunknetzen können davon abweichen.

Den kostenlosen Newsletter der Duden-Sprachberatung können Sie unter www.duden.de/newsletter abonnieren.

Bibliografische Information der Deutschen Nationalbibliothek
Die Deutsche Nationalbibliothek verzeichnet diese Publikation in der Deutschen Nationalbibliografie; detaillierte bibliografische Daten sind im Internet über http://dnb.dnb.de abrufbar.

Bibliographisches Institut GmbH, Mecklenburgische Straße 53, 14197 Berlin

Autorinnen Prof. Dr. Gabriele Diewald, Dr. Anja Steinhauer
Redaktion Melanie Kunkel, Dr. Kathrin Kunkel-Razum, Dr. Ilka Pescheck

Herstellung Maike Häßler
Layout Sigrid Hecker, Mannheim
Umschlaggestaltung Vietmeier Design, München
Satz Sigrid Hecker, Mannheim
Druck und Bindung AZ Druck und Datentechnik GmbH
Heisinger Straße 16, 87437 Kempten
Printed in Germany

ISBN 978-3-411-74357-5
auch als E-Book erhältlich unter: 978-3-411-91250-6
www.duden.de

Inhalt

Liebe Leserin und lieber Leser,

in letzter Zeit haben uns in der Dudenredaktion vermehrt Anfragen zum Gendern erreicht. Sie beziehen sich vor allem auf drei Aspekte:

- Muss ich meinen Text in gendergerechter Sprache verfassen?
- Welche sprachlichen Mittel gibt es dafür? Sind auch Zeichen wie Sternchen und Unterstrich zugelassen?
- Wie bleibt mein Text trotz Genderns lesbar?

Um allen, die Antwort auf diese Fragen suchen, zu helfen, legen wir hier den ersten umfassenden Ratgeber zum Thema geschlechtergerechter Sprachgebrauch vor. Wir verstehen diesen Band vor allem als praktische Hilfestellung für Menschen in Institutionen, Verwaltungen und Firmen, die gendergerechte Texte verfassen und sich ein Bild über die Möglichkeiten verschaffen möchten.

Nach einer Einführung in die sprachlichen Grundlagen des Genderns zeigen wir im Hauptteil, welche vielfältigen Möglichkeiten die Sprache und andere Zeichensysteme bereitstellen, aber auch welche Grenzen es gibt. Wichtig ist uns vor allem, auf die Textgestaltung einzugehen, denn natürlich geht es allen Schreibenden darum, ansprechende und lesbare Texte, die ihre Empfängerinnen und Empfänger auch wirklich erreichen, zu verfassen. Der abschließende Teil ist ein kurzer Essay zur Geschichte der feministischen Linguistik und des Genderns in Deutschland.

In dem Wissen, dass wir uns hier einem Thema zuwenden, das einerseits von hoher gesellschaftlicher Relevanz ist und andererseits polarisiert, freuen wir uns über Rückmeldungen zu diesem Ratgeber.

Berlin, im Oktober 2017

Die Autorinnen und die Dudenredaktion

1 Einleitung

→ 1.1 Was ist »gendern«?

Gendern ist, sehr allgemein gesprochen, ein sprachliches Verfahren, um Gleichberechtigung, d. h. die gleiche und faire Behandlung von Frauen und Männern im Sprachgebrauch zu erreichen. Gendern bedeutet somit die **Anwendung geschlechtergerechter Sprache.** Auf diese Weise wird die Forderung zur Durchsetzung der Gleichberechtigung von Männern und Frauen, die ja im Grundgesetz formuliert ist, in der sprachlichen Kommunikation ernst genommen. Der entsprechende Absatz im **Grundgesetz** der Bundesrepublik Deutschland lautet im Original:

> »Männer und Frauen sind gleichberechtigt. Der Staat fördert die tatsächliche Durchsetzung der Gleichberechtigung von Frauen und Männern und wirkt auf die Beseitigung bestehender Nachteile hin.« (GG Artikel 3, Absatz 2)

Die Einsicht, dass eine moderne Gesellschaft sich der Aufgabe stellen muss, eine gendergerechte Sprache zu etablieren, hat sich seit einigen Jahrzehnten im deutschsprachigen Raum — wie in allen westlichen Gesellschaften — großflächig durchgesetzt. Das Bemühen um gendergerechte Sprache wird als ein wesentlicher Aspekt des allgemeinen Strebens nach der Durchsetzung von Gleichstellung erkannt und anerkannt. Die Erkenntnis der Wichtigkeit von Sprachfragen für die Gleichstellung findet ihren Niederschlag in Gesetzen und Verordnungen sowie in einer großen Zahl praxisbezogener Empfehlungen verschiedenster Institutionen. Beispielgebend ist das *Niedersächsische Gesetz zur Förderung der Gleichstellung der Frau in der Rechts- und Verwaltungssprache* (Nds. GV. 1989, S. 50) vom 27. Februar 1989, wo es in § 1 heißt:

> »In Rechts- und Verwaltungsvorschriften des Landes sowie der seiner Aufsicht unterstehenden Körperschaften, Anstalten und Stiftungen des öffentlichen Rechts sind Bezeichnungen so zu wählen, daß sie Frauen nicht diskriminieren, sondern dem Grundsatz der Gleichberechtigung (Artikel 3 Abs. 2 des Grundgesetzes) entsprechen.«

Weiter unten macht § 3 (etwas) konkretere Vorgaben zur sprachlichen Umsetzung:

> *In Vordrucken des Landes und der seiner Aufsicht unterstehenden Körper-*
> *schaften, Anstalten und Stiftungen des öffentlichen Rechts sind die für einzelne*
> *Personen geltenden Bezeichnungen nebeneinander in weiblicher und männ-*
> *licher Sprachform aufzunehmen. Es kann auch eine nicht geschlechtsbezogene*
> *Sprachform gewählt werden.*«

Auch die Drucksache 12/1041 vom 7. August 1991 des Deutschen Bundestags, 12. Wahl-periode, »Unterrichtung durch die Bundesregierung: Maskuline und feminine Per-sonenbezeichnungen in der Rechtssprache. Bericht der Arbeitsgruppe Rechtssprache vom 17. Januar 1990« behandelt das Thema. Auf Seite 3 wird mit Bezug auf einen Beschluss des Bundeskabinetts vom 24. Juli 1991 auf folgende Begründung für die Befassung mit dem Thema verwiesen (angestoßen von einem Beschluss des Bundes-tags am 11. Mai 1990):

> *Der Deutsche Bundestag hat folgenden Beschluß gefaßt: Die Bundesregierung*
> *wird aufgefordert, ab sofort in allen Gesetzentwürfen, Rechtsverordnungen*
> *und Verwaltungsvorschriften geschlechtsspezifische Benennungen/Bezeichnun-*
> *gen zu vermeiden und entweder geschlechtsneutrale Formulierungen zu*
> *wählen oder solche zu verwenden, die beide Geschlechter benennen, soweit*
> *dies sachlich gerechtfertigt ist und Lesbarkeit und Verständlichkeit des*
> *Gesetzestextes nicht beeinträchtigt werden.*«

Zu den inzwischen existierenden zahllosen Leitfäden verschiedener Organisationen und Gruppen werden wir im letzten Kapitel kurz zurückkehren.

Grundlage für diese Entwicklung ist die Einsicht, dass unsere Gesellschaft, unsere Sprache und unser Sprachgebrauch historisch bedingt eine Dominanz des Männlichen voraussetzen, wodurch Frauen in ihrer gesellschaftlichen Bedeu-tung und Sichtbarkeit und in ihren persönlichen Wirkungsmöglichkeiten benach-teiligt werden.

Zwar sind Sprache und ihr Gebrauch nicht das ausschließliche Maß für den Grad erreichter Gleichstellung von Männern und Frauen, doch ist es kaum denkbar, dass eine geschlechtergerechte Gesellschaft sich einer Sprache bedient, die von sexisti-scher Diskriminierung, d. h. von systematischer Ungleichbehandlung aufgrund des biologischen Geschlechts, durchzogen ist. Sprache ist vielmehr ein wesentliches Instrument beim Wandel hin zu mehr Gendergerechtigkeit.

Denn menschliche Sprache ist sowohl das Ergebnis als auch das Instrument gesellschaftlicher Konzeptionen der Wirklichkeit. Anders formuliert: Sprache ist vom Denken geprägt und Sprache prägt das Denken. Zugleich ist Sprache die **Grundlage jedes gesellschaftlichen Handelns.** Damit sind die Sprache und ihr Gebrauch ein entscheidender Faktor für die Realisierung von Gleichstellung. Und damit ist Gendern ein wesentliches Instrument zur Durchführung dieser Bemühungen.

Das Wort *gendern* und seine Verwendung in diesem Ratgeber:

Das Verb gendern leitet sich aus dem englischen Substantiv gender ›Geschlecht‹ ab, das als Lehnwort ins Deutsche gekommen ist. *Gender* bezieht sich auf das soziale Geschlecht, das heißt auf die gesellschaftlichen Rollen und Eigenschaften, die einer Person stereotypisch als »Mann« oder als »Frau« zugeschrieben werden. Gender ist somit nicht mit dem biologischen Geschlecht *(Sex)* gleichzusetzen. Das Verb *gendern* bedeutet, dass diese verschiedenen Rollen in der sprachlichen Kommunikation angemessen und nicht diskriminierend explizit gemacht werden. Wir verwenden den Ausdruck *gendern* gleichbedeutend mit ›Sprache geschlechtergerecht gestalten‹.

Dieser Ratgeber geht davon aus, dass gendergerechte Sprache die Berücksichtigung von **zwei Geschlechtern,** Männern und Frauen, sicherstellen muss. Diese Annahme, also die Voraussetzung der Zweigeschlechtlichkeit als Standardsituation, speist sich aus der prototypischen Alltagswahrnehmung vieler Menschen und aus juristischen und sprachlichen Fakten, die hier sehr knapp Erwähnung finden sollen.

Die Einteilung der Menschen in zwei Geschlechter, in Frauen und Männer, stellt ein Grundmuster, einen Prototyp der mentalen und sozialen Organisation dar – im deutschsprachigen Raum und im globalen Kontext. Diese Zweiteilung strukturiert das gesamte gesellschaftliche und individuelle Leben.

Weitere Differenzierungen sind möglich, jedoch nicht derart übergreifend wirksam. Der übergeordnete Einfluss der Unterscheidung von Männern und Frauen zeigt sich auch in der rechtlichen Verankerung von Geschlecht, die von der Zweiteilung ausgeht und Menschen bislang ausschließlich in diese beiden Kategorien einteilt. Die deutsche Sprache schließlich, die sich seit ihrer historischen Nachweisbarkeit in einem gesellschaftlichen Rahmen entwickelt hat, der diese Zweiteilung voraussetzt, hat sie in ihren Strukturen und in ihrer Bedeutung in vielfacher Weise verankert, was wir im Folgenden noch sehr ausführlich besprechen werden.

Vor diesem Hintergrund ist die Konzeption dieses Ratgebers zu sehen. Die theoretischen Grundüberlegungen und die sprachlichen Analysen und Tipps zur gendergerechten Sprache beziehen sich auf den Prototyp der Zweigeschlechtlichkeit.

Damit soll in keiner Weise die Möglichkeit oder gar die Legitimität in Abrede gestellt werden, weitere, feinere oder auch andere Differenzierungen je nach Ausdrucksabsicht zu treffen, wie dies seit einiger Zeit von verschiedenen gesellschaftlichen Gruppen gefordert wird. An geeigneten Stellen nehmen wir im Folgenden auf entsprechende Vorschläge zur sprachlichen Sichtbarmachung anderer Geschlechtsidentitäten Bezug. Unser Schwerpunkt liegt jedoch auf Hinweisen und Ratschlägen zur angemessenen Sichtbarmachung von Frauen und Männern.

Wir hoffen, dass diese **pragmatische Grundhaltung** der sehr großen Zahl von Personen zugutekommt, die täglich mit der Standardsituation beim Bemühen um gendergerechte Sprache zu tun haben – und das ist aktuell die Unterteilung in Männer und Frauen. Im Folgenden wollen wir unsere Zielsetzung noch etwas genauer umreißen.

> → *Wie gelingt es im – manchmal hektischen – Alltag, auch unsere Patientinnen und Patienten, unsere Mitarbeiter und Mitarbeiterinnen gemäß ihrem Geschlecht richtig, wertschätzend und persönlich zugewandt anzusprechen?*
>
> *In Krankenhausbroschüren, Leitbildern von Gesundheitseinrichtungen, ambulanten Pflegediensten steht der Patient im Mittelpunkt – die Patientin bisher offensichtlich nicht. Dabei benötigt der Perspektivwechsel nicht viel: Wenn wir unseren Patientinnen und Patienten, den Mitarbeitern und den Mitarbeiterinnen so begegnen wollen, wie es in den Broschüren und Flyern oft werbewirksam formuliert wird, genügt ein kurzer Moment des Zurücknehmens und Sichbewusstwerdens, dass es eben zwei Geschlechter gibt, die genau so angesprochen werden wollen und können.*
>
> *Dr. Reinhold Hikl MPH, Ärztlicher Direktor, Sana Krankenhaus Radevormwald*

→ 1.2 Was will dieser Ratgeber?

Gendern ist, wie wir gesehen haben, ein wichtiges Gleichstellungsinstrument. Die praktische Durchführung dieser sprachlichen Operation bereitet jedoch zahlreiche Schwierigkeiten. Selbst nach Jahrzehnten der Diskussion und vielen Gesetzen und Verordnungen lässt sich beobachten, dass zwischen dem erklärten öffentlichen Willen und der Umsetzung in die Lebenswirklichkeit eine Diskrepanz besteht. Diese Diskrepanz ist mehreren Faktoren geschuldet.

Zum einen fehlen in vielen Vorschlägen zum gendergerechten Sprachgebrauch verständliche und zugleich differenzierte Hinweise zu den notwendigen linguistischen Grundlagen, ohne die eine aktive und kreative Anwendung gendergerechter Sprache nicht möglich ist. Dieses Erklärungsdefizit reduziert oft die praktische Handhabbarkeit von Leitfäden.

Zum anderen werden oft aufgrund ideologischer oder wertebasierter Abwehrreaktionen gegenüber sprachlichen Veränderungen alle Versuche zur Herstellung gendergerechten Sprachgebrauchs als destruktiver und illegitimer Eingriff in die Sprache aufgefasst und Änderungsversuche grundsätzlich verurteilt. Vor einem solchen Hintergrund wird es schwierig, geschlechtergerecht zu kommunizieren.

Drittens spielt die im Tonfall häufig überschießende Behandlung des Themas in der Öffentlichkeit eine wenig förderliche Rolle. Nicht selten wird hier die Meinung geäußert, dass der Stellenwert der Sprache für die Durchsetzung der Gleichstellung unwesentlich und daher die Bemühungen um gendergerechte Sprache überflüssig, wenn nicht gar lächerlich seien. Dies zeigt sich in zahlreichen kalauernden Wortbildungen wie *Mensch*innen* oder Sprüchen wie »Feministinnen fordern Bürgerinnensteige«. Eine solche Haltung verkennt, dass bereits ab der frühen Kindheit bei der Verwendung sprachlicher Zeichen eben nicht nur die unmittelbar zuzuordnende Bedeutung, sondern auch assoziative Bedeutungen, Meinungen, Vorurteile usw. aktiviert werden. Auch diese stereotypischen Zuschreibungen sollen durch den Gebrauch gendergerechter Sprache aufgelöst werden (vgl. das zweite Kapitel: »Sprachliche Grundlagen«).

Zwischen dem aufklärerischen und auch gesetzgeberischen Willen zur Umsetzung geschlechtergerechter Sprache und ihrer Realisierung in der Praxis besteht also nach wie vor eine Kluft, die sich zwischen unzutreffenden Annahmen und unzureichendem praktischen Wissen aufspannt.

Dieses Buch soll hier Hilfestellung geben. Es gibt zunächst einen Überblick über die sprachlichen Voraussetzungen des Deutschen, auf deren Basis gendergerechte Sprache angewendet werden kann. Dies geschieht im zweiten Kapitel. Dann, in den Kapiteln drei bis fünf »Richtig gendern auf der Wortebene«, »Richtig gendern in Satz und Text« und »Beispielanalysen«, werden Formen, Methoden und Anwendungsbeispiele für gendergerechte Sprache diskutiert und mit praktischen Tipps zur direkten Anwendung und kreativen Weiterentwicklung versehen. Darüber hinaus erfahren Sie im letzten Kapitel das Wichtigste über die historische Entwicklung des Themas in den letzten Jahrzehnten. Das Wissen um diese lange Diskursgeschichte ist oft nützlich, um bestimmte argumentative Fehlannahmen, die gerade heute wieder häufig vorgebracht werden, richtig einzuschätzen. Da es uns ein Anliegen ist, die positiven Wirkungen gendergerechter Sprache hervorzuheben, sind überall im Text »Statements aus der Praxis« eingefügt. Hier haben wir Menschen, die sich in ihrem Arbeitsbereich mit Fragen gendergerechter Sprache auseinandersetzen, nach ihren Erfahrungen damit gefragt. Abschließend finden Sie einige Literaturhinweise und ein Register.

Der Schwerpunkt dieses Ratgebers liegt auf den Anforderungen der **schriftlichen Kommunikation** und auf Textsorten, die vor allem im **beruflichen Kontext** besonders wichtig sind. Darüber hinaus sind die hier behandelten Fragen auch für **stärker formalisierte mündliche** Kommunikationssituationen im beruflichen und öffentlichen Bereich relevant.

Typische Textsorten bzw. Redesituationen, für die dieses Buch hilfreich ist, sind somit beispielsweise Geschäftskorrespondenz an Einzelpersonen oder Gruppen, Rundschreiben, Ordnungen, öffentliche bzw. halböffentliche Reden z. B. bei Versammlungen, Verhandlungen, Stelleninterviews oder auch Interaktionen mit den Medien und der Öffentlichkeit.

Wir richten uns an alle, die sich mit gendergerechter Sprache befassen und die im komplexen System des Deutschen und in den gesellschaftlichen Regeln Orientierung und Anstöße für eigene Spracharbeit suchen.

→ 1.3 Was heißt »richtig gendern«?

Zuallererst: »richtig« kann hier **nicht** »einer Norm entsprechend« heißen. Es gibt keine Norm für diesen Bereich, die vergleichbar wäre mit anderen Normen in sprachlichen Bereichen wie zum Beispiel der Rechtschreibung. Und wir wollen keinesfalls solche Normen setzen. Dieses Buch hat also keine präskriptive Funktion.

»Richtig gendern« heißt hier also nicht »nach vorgegebenen Regeln gendern«, sondern – das deutet ja bereits der Untertitel an – **situationsangemessen,** sachangemessen, d. h. inhaltlich korrekt, verständlich und ansprechend den Grundsatz der geschlechtergerechten Sprache in der eigenen Sprachproduktion umsetzen. Dass wir bei unseren Vorschlägen dennoch die Regeln für orthografische Normen einbeziehen, versteht sich von selbst.

Daraus folgt ein weiterer Punkt, über den wir an dieser Stelle Klarheit schaffen wollen. Die Hilfestellung beim richtigen Gendern, die wir Ihnen mit diesem Buch geben, ist prozessorientiert. Sie kann sich nicht darin erschöpfen, dass ein Katalog, eine abgeschlossene Liste sprachlicher Fertigteile geboten wird, die an bestimmten Stellen in einen vorgefertigten Text einzufügen wären, um damit gendergerecht zu kommunizieren.

Dies kann aus mehreren Gründen nicht funktionieren:

- Jeder Akt der Sprachverwendung beruht auf spezifischen Sprechintentionen, d. h. auf **individuellen** und aktuell relevanten **Ausdrucksabsichten.** Diese wirken sich direkt auf die konkrete Wahl der sprachlichen Mittel aus. Jede Sprecherin und jeder Sprecher wird hier also notwendigerweise zu individuellen Entscheidungen kommen.
- Die Anzahl der Inhalte, der Gegenstände und Sachverhalte, über die wir sprechen können, ist unendlich. Ebenso gibt es eine Vielzahl von verschiedenen, mehr oder weniger stark regulierten Typen von Sprechsituationen, **kontextabhängigen Sprechstilen** (auch »Register« genannt) und Textsorten. Auch hier ergeben sich somit vielfältige individuelle sprachliche Gestaltungsmöglichkeiten für das, was wir jeweils sagen möchten.
- Jede sprachliche Äußerung ist an andere gerichtet und findet in ganz konkreten, sehr **unterschiedlichen Rahmenbedingungen** bzw. Situationen statt. Auch durch diese Faktoren wird die Auswahl der sprachlichen Mittel beeinflusst.
- Schließlich gibt es, insbesondere in beruflichen oder formalisierten kommunikativen Situationen, spezielle, nur lokal gültige Beschränkungen und **Vorschriften** für einen ganz bestimmten Sprachgebrauch. Zum Beispiel haben einige Institutionen bereits Richtlinien für gendergerechte Sprache entwickelt, die unter Umständen bestimmte sprachliche Instrumente ausschließen. Beispielsweise sieht das niedersächsische Gesetz zur geschlechtergerechten Sprache in amtlichen Texten nur Doppelformen, Beidnennung und Neutralisierung vor. Andere prinzipiell mögliche Lösungen wie die Schrägstrichvarianten, das Binnen-I und andere Formen werden in diesem Kontext nicht zugelassen (zu den einzelnen sprachlichen Formen mehr im dritten Kapitel »Richtig gendern auf der Wortebene«).

Unser Bestreben kann es daher gar nicht sein, Ihnen *Readymades* oder Fertigteile zu liefern. Unser Bestreben ist es vielmehr, Ihnen die sprachliche Prozedur des Genderns für Ihre schriftlichen und zum Teil auch mündlichen Kommunikationsprozesse geläufig zu machen und Ihnen das Spektrum der Gestaltungsmöglichkeiten aufzuzeigen, die Sie nach Bedarf anwenden können.

Einen Text gendern heißt, die mentalen Konzepte der relevanten Genderrollen sprachlich abzubilden, d. h., die Inhalte deutlich konturiert und farbig darzustellen. Dieses Buch gibt Ihnen einen Überblick über die Vielzahl an Farben und Malwerkzeugen, durch deren Gebrauch Sie aus den Sachverhalten und Konzepten, die Sie darstellen wollen, ein angemessenes, treffendes und ästhetisch ansprechendes sprachliches Bild gestalten können. Unsere Absicht ist es, Sie mit Wissen und Selbstbewusstsein auszustatten, damit Sie die »Operation Gendern« in der richtigen, d. h. für Sie und Ihre Zwecke **angemessenen Weise** meistern.

Trauen Sie sich!

Verwenden Sie die Sprache so, dass sie Ihre Absichten angemessen wiedergibt!

Es ist Ihre Sprache!

2 Sprachliche Grundlagen

Das Material, mit dem wir arbeiten, ist die deutsche Sprache. Daher halten wir es für wichtig, einige Grundlagen des deutschen Sprachsystems zu erörtern. Da es beim Gendern um die geschlechtergerechte Repräsentation von Frauen und Männern im Sprachgebrauch geht, sind Personenbezeichnungen ein besonderer Schwerpunkt der sprachlichen Arbeit. Mit **Personenbezeichnung** meinen wir alle sprachlichen Mittel, die auf Menschen referieren können. Dies sind alle Arten von Eigennamen und Titeln (*Hans Müller, Professorin Meier*), beschreibende Nominalphrasen (*die Abteilungsleiterin, ein Postbote*), Pronomina (*er, sie, alle, man, wer*) sowie weitere Ausdrucksmittel, z. B. Präpositionalphrasen wie *bei uns, unter Freundinnen,* aber auch Kollektivbezeichnungen wie z. B. *Team* oder *Professorenschaft*.

Zunächst sind im Feld der Personenbezeichnungen zwei große Bereiche zu unterscheiden. Dies sind erstens die sprachstrukturellen Gegebenheiten auf Form- und Bedeutungsseite – also grammatische Kategorien und Regeln sowie semantische Felder – und zweitens funktionale Aspekte der Sprachverwendung, z. B. verschiedene Typen von Kommunikationssituationen und verschiedene Text- und Diskurstypen (dieser Bereich wird im Kapitel zu Satz und Text zur Sprache kommen). In diesem Kapitel geht es nun vor allem um die grundsätzlichen Gegebenheiten des Sprachsystems, insbesondere um die grammatische Kategorie *Genus* und ihren Zusammenhang mit Begriffen wie *Gender* und *Geschlecht*.

→ 2.1 Genus, Gender, Geschlecht

Es ist üblich geworden, im Bereich »Genus und Geschlecht« vier Ebenen oder auch Schichten zu unterscheiden (vgl. z. B. den grundlegenden Text von Bußmann/Hellinger 2003, dem wir in unserer Einteilung folgen):

1. grammatisches Geschlecht = Genus
2. semantisches, lexikalisches Geschlecht

3. soziales Geschlecht, d. h. Gender im eigentlichen Sinn
4. biologisches Geschlecht (Sexus), natürliches Geschlecht, referenzielles Geschlecht

Die ersten beiden betreffen die Sprachstruktur direkt, die dritte und vierte Schicht sind außersprachlich zu verorten, interagieren aber mit der Sprache. Wie sehen diese Schichten im Einzelnen aus?

Grammatisches Geschlecht = Genus

Es handelt sich hier um eine rein sprachliche, grammatische Kategorie des Deutschen und vieler anderer Sprachen. Wie das Englische zeigt, ist Genus jedoch nicht in jeder Sprache vertreten. Die Kategorie Genus hat im Deutschen drei Kategorienmitglieder: Maskulinum – Femininum – Neutrum. Grammatisches Genus betrifft die nominalen Wortarten (Nominalkategorien) des Deutschen, also

Substantive: (mask.) *Löffel*, (fem.) *Gabel*, (neutr.) *Messer*

Pronomina: *er, sie, es; jener, keine, welches, dies*

Artikel: *der (Löffel), eine (Gabel), kein (Messer)*

Adjektive: *ein silberner Löffel, eine silberne Gabel, ein silbernes Messer*
ein Guter / eine Gute / ein Gutes

Substantive haben ein festgelegtes Genus: das Substantiv *Gabel* ist immer feminin. Die anderen Wortarten sind genusvariabel. Sie können alle drei Genuskategorien, also Maskulinum, Femininum und Neutrum, formal zum Ausdruck bringen. Dies wird gelegentlich mit dem Ausdruck »Differenzialgenus« belegt. Welches der drei grammatischen Genera bei der Verwendung dieser Wortarten jeweils realisiert wird, hängt von ihrer sprachlichen und nicht sprachlichen Umgebung ab. Hierbei gibt es zwei Faktoren, die die Genuswahl festlegen:

■ Das Genus richtet sich innerhalb der Nominalgruppe immer nach dem Genus des Bezugswortes, d. h. des die ganze Gruppe dominierenden Substantivs – *eine silberne Gabel / ein silberner Löffel:* das Genus des Artikels und das des attributiven Adjektivs sind abhängig vom Genus des Substantivs. Dies wird **grammatische** oder **syntaktische Kongruenz** genannt.

- Bei substantivierten Adjektiven und Partizipien (Partizip I und Partizip II) richtet sich das Genus nach dem Geschlecht der gemeinten Person. Dies wird **semantische Kongruenz** genannt. Beispiele sind:

  der/die Kranke
  der/die Reisende
  der/die Angekommene

Diese Flexibilität verschiedener Wortarten bei der Genusauswahl und dabei insbesondere die Kongruenz mit einem anderen sprachlichen Element bildet eine wichtige Grundlage des Zusammenhangs zwischen Wörtern und Texten. Wir werden dieses Thema im Kapitel zu Satz und Text, d. h. in Kapitel 4, wieder aufnehmen.

Ausnahmen von der Regel der Genusflexibilität bei Pronomina bilden einige Frage- und Indefinitpronomina, z. B. *wer* oder *man* (siehe unten).

Die Kategorie Genus wird jedoch **nur** im Singular unterschieden; im Plural ist die Genus-Opposition neutralisiert, d. h., es gibt nur eine, genusindifferente, Form für alle. In den folgenden Beispielsätzen sind alle genusneutralen Pluralformen hervorgehoben.

Der Löffel, das Messer, die Gabel: **Sie** *liegen fein säuberlich geordnet in der Schublade.*

Die *Löffel,* **die** *Messer,* **die** *Gabeln:* **Sie** *liegen fein säuberlich geordnet in der Schublade.*

Die Gärtnerin und der Gärtner teilen sich die Arbeit. **Die beiden** *gehen Beet für Beet vor.*

Der Reisende und **die** *Einheimischen begegneten sich im Gasthaus.* **Sie** *waren hungrig.*

Aus dieser Beobachtung ergibt sich eine wichtige Überlegung für gendergerechte Sprache: Wenn wir Personenbezeichnungen, die substantivierte Adjektive oder Partizipien sind, im Plural verwenden, ersparen wir uns die Unterscheidung eines Genus. Da diese Wortarten nur die Artikelwörter haben, um das Genus zu bezeichnen, ist bei ihnen im Plural das grammatische Genus automatisch neutralisiert und die Personenbezeichnungen sind damit auch genderneutral.

Dazu folgende Beispiele:

- Singular, Genus spezifiziert als Maskulium:

  Der Kranke *sollte täglich spazieren gehen, um* **seine** *Beweglichkeit zu erhalten.*

- Singular, Genus spezifiziert als Femininum:

  Die Kranke *sollte täglich spazieren gehen, um* **ihre** *Beweglichkeit zu erhalten.*

- Plural, Genus nicht spezifiziert:

  Die Kranken *[auch ohne Artikel:* **Kranke***] sollten täglich spazieren gehen,
  um* **ihre** *Beweglichkeit zu erhalten.*

Im nächsten Kapitel finden Sie ausführliche Tipps zu diesem Bereich.

Die Zuordnung eines Substantivs zu einem Genus ist grundsätzlich willkürlich:
vgl. *Löffel, Gabel, Messer.* Es gibt nichts inhaltlich »Männliches« im *Löffel* und
nichts inhaltlich »Weibliches« in der *Gabel.* Kurz: Das grammatische Genus ist eine
sprachinterne Einteilung der Substantive in verschiedene grammatische Klassen.
Die Bezeichnung dieser drei Klassen als Maskulinum, Femininum und Neutrum fußt
auf einer Tradition der Grammatikschreibung. Inhaltliche Merkmale sind damit
nicht verbunden.

So weit, so gut.

Aber: Es gibt eine Ausnahme von der Regel der semantischen Unmotiviertheit der
Genuszuweisung bei Substantiven. Diese Ausnahme bilden – Sie werden es anhand
der Beispiele schon erkannt haben – Personenbezeichnungen. Ausgerechnet!

Und hier eröffnet sich für die Bemühung um gendergerechte Sprache ein Diskussions-
feld, das seit Jahrzehnten einen der Hauptstreitpunkte der feministischen Sprachkritik und der traditionellen Sprachnormierung bildet. Worum geht es? Hierzu
müssen wir uns etwas ausführlicher mit der zweiten Schicht, dem lexikalischen oder
semantischen Geschlecht, befassen.

Semantisches Geschlecht

Das semantische oder lexikalische Geschlecht von Substantiven betrifft – anders als das grammatische Genus – nicht die formale Klassenzugehörigkeit, sondern die **Bedeutungsebene** der Sprache, die Inhalte der jeweiligen Sprachzeichen.

Bei Personenbezeichnungen und einigen Tierbezeichnungen geht es hier um die semantischen Merkmale ›männlich‹ und ›weiblich‹, die vielen Substantiven aus dieser Gruppe als Bedeutungsbestandteile zugeordnet sind (vgl. Bußmann/Hellinger 2003: 147]. So enthält ein Substantiv wie *Stute* die semantischen Merkmale ›Pferd‹ und ›weiblich‹, ein Substantiv wie Hengst die semantischen Merkmale ›Pferd‹ und ›männlich‹. Die semantischen Merkmale von Substantiven beziehen sich auf Eigenschaften der außersprachlichen Welt; sie charakterisieren diejenigen außersprachlichen »Objekte«, auf die mit dem jeweiligen Ausdruck Bezug genommen werden kann.

Der Ausdruck *Stute* wird entsprechend in der Regel verwendet, um ein außersprachliches Objekt zu bezeichnen, das der Gattung Pferd angehört und biologisch weiblich ist. Insofern hängt also das lexikalische Geschlecht mit dem biologischen Geschlecht (siehe unten) zusammen.

Bei Personenbezeichnungen korrelieren **oft** das Genus (grammatische Geschlecht) und das lexikalische, d. h. semantische Geschlecht (der Inhalt) auf folgende Weise: Das semantische Merkmal ›weiblich‹ tritt mit dem grammatischen Genus »Femininum« auf, während das semantische Merkmal ›männlich‹ mit dem grammatischen Genus »Maskulinum« versehen ist. Beispiele, bei denen dies zutrifft, sind:

- Semantisches Merkmal ›männlich‹ und grammatisches Genus Maskulinum:

  der Vater / der Onkel / der Bruder / der Ochse …

- Semantisches Merkmal ›weiblich‹ und grammatisches Genus Femininum:

  die Mutter / die Tante / die Schwester / die Stute …

Aber: Auch hier gibt es Ausnahmen. Bei nicht wenigen Substantiven zur Personenbezeichnung stimmen Genus (grammatisches Geschlecht) und lexikalisches/semantisches Geschlecht nicht in dieser Weise überein. Diese Substantive werden auch **hybride Substantive** genannt:

- Semantisches Merkmal ›weiblich‹ und grammatisches Genus Neutrum:

  das Weib, das Mädchen

- Semantisches Merkmal ›männlich‹ und grammatisches Genus Neutrum:

  das Männchen, das Jünglein

- Semantisches Merkmal ›männlich‹ und grammatisches Genus Femininum:

  die Memme

- Semantisches Merkmal ›weiblich‹ und grammatisches Genus Maskulinum:

  der Vamp

Gerade diese Ausnahmen zeigen, dass zwischen Genus und semantischem (bzw. lexikalischem) Geschlecht prinzipiell strikt unterschieden werden muss, auch wenn es häufig typische Korrelationen zwischen der Formklasse Maskulinum und dem semantischen Merkmal ›männlich‹ und der Formklasse Femininum und dem semantischen Merkmal ›weiblich‹ gibt.

Genus ist nicht gleich Sexus.

Grammatisches Geschlecht ist nicht gleich semantisches Geschlecht.

Darüber hinaus gibt es Personenbezeichnungen, die insofern geschlechtsneutral sind, als sie das semantische Geschlecht **nicht** spezifizieren. Selbstverständlich hat jedoch auch ein solches Substantiv, wie jedes Substantiv im Deutschen, ein grammatisches Genus. Substantive dieses Typs werden **geschlechtsindifferente Substantive** genannt. Beispiele sind folgende:

Genus Femininum:	*Person, (z. B. Hilfs-)Kraft, Leiche, Geisel, Waise*
Genus Maskulinum:	*Mensch, Fan, Säugling, Prüfling, Zögling, Schützling*
Genus Neutrum:	*Individuum, Mitglied, Opfer, Genie, Kind, Wesen, Geschöpf*

Allen diesen Substantiven ist gemeinsam, dass sie – völlig unabhängig vom grammatischen Genus – sowohl auf männliche wie auch auf weibliche Lebewesen bezogen werden können. Die Bedeutung dieser Substantive macht über das lexikalische bzw. semantische Geschlecht schlicht keine Aussage. Die Unterscheidung zwischen ›männlich‹ und ›weiblich‹, die bei vielen anderen Personenbezeichnungen ein Bedeutungsbestandteil des Substantivs ist, ist bei den geschlechtsindifferenten Substantiven nicht vorhanden. Man spricht auch davon, dass diese Opposition bei ihnen neutralisiert ist. Damit ist nicht gesagt, dass die Lebewesen, die mit *Person*, *Kind* oder *Fan* bezeichnet werden, kein Geschlecht hätten. Die Substantive lassen dies jedoch offen.

Geeignet als Testsätze zum Erkennen solcher geschlechtsindifferenten Substantive sind sogenannte Kopulasätze (d. h. Sätze mit dem Verb *sein* und zwei Nominalgruppen) wie folgende:

Anna [›weiblich‹] *ist*	*eine Person* [Genus f.] /
	ein Säugling [Genus m.] /
	ein Individuum [Genus n.].
Simon [›männlich‹] *ist*	*eine Person* [Genus f.] /
	ein Säugling [Genus m.] /
	ein Individuum [Genus n.].
Sie [›weiblich‹] *ist*	*eine Person* [Genus f.] /
	ein Säugling [Genus m.] /
	ein Individuum [Genus n.].
Er [›männlich‹] *ist*	*eine Person* [Genus f.] /
	ein Säugling [Genus m.] /
	ein Individuum [Genus n.].

Die geschlechtsindifferenten Substantive können ohne semantischen Widerspruch mit ›männlichen‹ oder ›weiblichen‹ Subjekten – also Eigennamen wie *Anna* (›weiblich‹) und *Simon* (›männlich‹) oder Pronomina wie *sie* (›weiblich‹) und *er* (›männlich‹) – verbunden werden. Geschlechtsindifferente Substantive sind somit merkmalsärmer als geschlechtsdifferenzierende Substantive. Damit gleichen sie **Oberbegriffen** (Hyperonymen) in anderen semantischen Bereichen, die ebenfalls weniger Merkmale als ihre jeweiligen **Unterbegriffe** (Hyponyme) aufweisen. Zum Beispiel kann das Substantiv *Baum* als Oberbegriff zu den Unterbegriffen *Laubbaum – Nadelbaum* verstanden werden. Der Oberbegriff *Baum* enthält keine Angabe (kein semantisches Merkmal) dazu, ob es sich um einen Baum mit Nadeln oder einen Baum mit Blättern handelt. Die Opposition ›Laub‹ versus ›Nadeln‹ ist nicht vorhanden bzw. ist neutralisiert. Der Oberbegriff hat immer einen größeren Anwendungsbereich als die semantisch spezifischeren Unterbegriffe – er ist auf alle Mitglieder der gesamten Klasse anwendbar. Ebenso verhält es sich mit geschlechtsindifferenten Substantiven wie *Person* im Vergleich zu geschlechtsspezifischen Unterbegriffen wie *Mann* und *Frau*. Das folgende Schema verdeutlicht dies:

Semantische Domäne	Pflanzen		Menschliche Lebewesen	
Oberbegriff	Baum		Person	
Unterbegriffe	Nadelbaum	Laubbaum	Frau	Mann
Semantische Merkmale der Unterbegriffe (distinktive Opposition)	›Nadeln‹	›Laub‹	›weiblich‹	›männlich‹

Im nächsten Abschnitt werden wir diese Frage bei der Besprechung des »generischen Maskulinums« noch einmal aufgreifen. Dort werden wir sehen, dass es verschiedene Arten von Gegensatzpaaren, verschiedene Oppositionstypen in der Sprache gibt. Die hier dargestellten Gegensätze mit einem Oberbegriff und zwei »gleichwertigen« Unterbegriffen werden in der Sprachwissenschaft »äquipollente« Oppositionen genannt. Sie haben sicher schon erkannt, dass diese Art des Gegensatzes für gendergerechte Sprache besonders wichtig ist.

Die Indifferenz des Oberbegriffs bezüglich der semantischen Opposition ›weiblich‹ versus ›männlich‹ macht geschlechtsindifferente Substantive zu einem wichtigen Mittel beim richtigen Gendern (vgl. auch das dritte Kapitel zur Wortebene).

Suchen Sie nach geschlechtsindifferenten Bezeichnungen, also Substantiven wie *Person, Genie, Fan.* Verwenden Sie solche Substantive, wann immer möglich.

Auch einige Wörter aus der übergeordneten Wortklasse der **Pronomina** sind geschlechtsindifferent. Dazu gehören die Formen der ersten und zweiten Person Singular und Plural. Weder *ich* noch *du*, weder *wir* noch *ihr* noch die Höflichkeitsform *Sie* treffen die Unterscheidung ›männlich‹ versus ›weiblich‹.

Die Formen zur Bezeichnung der ersten und zweiten Personen, also die Bezeichnungen für die Dialogrollen *(ich, du, wir, ihr, Sie)* sind immer geschlechtsindifferent.

Darüber hinaus eignen sie sich dafür, interpersonelle Beziehungen zwischen den Kommunizierenden hervorzuheben.

Ferner werden die Fragepronomina *wer* und *was* und Indefinitpronomina wie *man* und *niemand* als geschlechtsindifferent betrachtet:

Frage:	*Wer / Was war das?*
Antwort:	*Das war der Postbote / die Nachbarin.*
Frage:	*Wen / Was siehst du?*
Antwort:	*Ich sehe den Postboten / die Postbotin.*

Niemand ist gekommen. *Susanne* ist krank, *Sabine* ist verreist.
Man hatte keine Zeit für den Termin.

Niemand ist gekommen. *Stefan* ist krank. *Sebastian* ist verreist.
Man hatte keine Zeit für den Termin.

Einige Indefinitpronomina, wie *man* und *niemand,* und manche Fragepronomina, wie *wer* und *was,* sind geschlechtsindifferent.

In vielen Fällen sind sie eine elegante und kurze Lösung für Gendergerechtigkeit.

Anders als bei den geschlechtsindifferenten **Substantiven** gibt es bei den geschlechtsindifferenten **Pronomina der dritten Person** verschiedene Möglichkeiten – und

Schwierigkeiten – der textuellen Wiederaufnahme. Wenn wir zum Beispiel einen Satz, den wir mit dem geschlechtsindifferenten Pronomen *wer* eingeleitet haben, weiterführen und eine pronominale Wiederaufnahme im Singular beabsichtigen, dann müssen wir uns doch wieder zwischen Maskulinum und Femininum entscheiden. Also z. B.:

> **Wer** *mit der Bearbeitung der Klausur fertig ist,* **der/die** *kann* **seine/ihre** *Sachen packen und den Raum verlassen.*

Als traditionell normgerecht gilt in diesen Fällen – Sie haben es sicher schon geahnt – nur die Wiederaufnahme mit den Maskulinformen. Diese und ähnliche Probleme der (grammatischen und der semantischen) Kongruenz werden wir im vierten Kapitel ausführlich besprechen.

Soziales Geschlecht

Das soziale Geschlecht, das wir bereits Gender genannt und in der Einleitung kurz besprochen haben, ist keine sprachliche, sondern eine gesellschaftliche und kulturelle Kategorie, die stereotypische Annahmen und Erwartungen über die sozialen Rollen, Eigenschaften und Charakterzüge von Männern und Frauen betrifft. Das soziale Geschlecht interagiert sehr stark mit sprachlichen Kategorien und Ausdrücken (vgl. hierzu auch Bußmann/Hellinger 2003: 149). So ruft ein sprachlicher Ausdruck wie *Pannendienst* in einer Erzählung wie

> *Wir blieben mitten in der Abfahrt liegen. Nach 30 Minuten kam endlich der Pannendienst.*

mit sehr hoher Wahrscheinlichkeit das Bild einer männlichen Person auf, die bei der erwähnten Autopanne zu Hilfe kommt. Dies ist auf die Tatsache zurückzuführen, dass bestimmte Berufsbilder mit Genderrollen, also mit stereotypischen Erwartungen im Hinblick auf die Eignung dieser Berufe für Frauen oder Männer, verbunden sind. Ein weiteres Beispiel, das mit hoher Wahrscheinlichkeit weibliche Genderstereotype abruft, ist folgendes:

> *Die Yogagruppe hatte 20 Minuten im Schulterstand ausgeharrt und war dann in den Pflug übergegangen. In der Pause gab es im Innenhof einen grünen Smoothie.*

Übrigens, vielleicht ist es Ihnen aufgefallen: Beide Beispiele erzeugen die entsprechenden Gendersterotype ohne die Mithilfe entsprechender sprachlicher Formen. In keinem der Beispiele sind genusmarkierte oder semantisch männlich oder weiblich spezifizierte Formen der Personenbezeichnung vorhanden.

Genderrollen sind somit als Stereotype interpretierbar. Stereotype lassen sich beschreiben als Bündel von Merkmalen, die gleichzeitig und sozusagen »als Paket«, d. h. im Ganzen abgerufen werden. Es erfolgt keine Zerlegung in einzelne Merkmale.

Ein Beispiel zur Verdeutlichung: Ein sprachlicher Ausdruck wie *Vogel* ruft bei deutschsprachigen Personen im europäischen Raum typischerweise das Bild einer Amsel (oder eines ähnlichen kleineren Singvogels) hervor, dagegen eher nicht das Bild eines Pinguins oder eines Huhns. Die Amsel repräsentiert für diese Personengruppe also den Prototyp eines Vogels. Die Vorstellung vom Prototyp taucht reflexartig und automatisch auf. Andere weniger prototypische Vertreter einer Kategorie, z. B. unser Pinguin, kommen hingegen nur nach Überlegung, Nachfragen usw. zum Zuge (Derartiges wird bei psycholinguistischen Tests, z. B. der Wort-Bild-Zuordnung, ermittelt).

Der Vorteil von Stereotypen liegt auf der Hand: Sie sparen kognitive Energie und ermöglichen schnelle Reaktionen. Doch wo ein Vorteil ist, ist meist auch ein Nachteil nicht weit: Stereotype ignorieren andere – möglicherweise – wichtige Eigenschaften und können zu Fehleinschätzungen und Fehlurteilen führen.

Zur Verdeutlichung dieser wichtigen Erkenntnis wollen wir abschließend einen kleinen Test durchführen. Es geht um das Wort *Fan,* das ja ein geschlechtsindifferentes Substantiv ist, und es geht um die Frage, welche Genderrolle, d. h. welche sozial definierten Eigenschaften, damit verbunden sind. Dazu stellen wir uns folgenden fiktiven Bericht in einer Lokalzeitung vor:

> *Nach dem Fußballspiel ziehen die Fans grölend durch die Straßen und pöbeln Passanten an. An einem Kiosk machen sie halt, um sich für die Heimfahrt mit Bier einzudecken.*

Welches Gendersterotyp taucht bei Ihnen auf, wenn Sie diese Sätze lesen oder hören? Und was geschieht, wenn der Text wie folgt weitergeht? Fiktiver Bericht in einer Lokalzeitung, Teil II:

Als es ans Bezahlen geht, bemerken die Fans, dass sie ihre Handtaschen vergessen haben.

Sie werden nun vermutlich ihr ursprüngliches Genderstereotyp von ›männlich‹ zu ›weiblich‹ verändert haben. Dies haben Sie vermutlich aufgrund der Assoziationen getan, die sich aus der Erwähnung von Handtaschen ergeben.

Biologisches Geschlecht

Zum Schluss müssen wir einen Blick auf die letzte der vier Schichten, auf das referenzielle oder auch biologische Geschlecht einer Person (oder eines Tieres) werfen. Das biologische Geschlecht (Sexus) wird im Allgemeinen als natürlich gegeben betrachtet, d. h. als biologisches Faktum, das für die meisten Menschen von Geburt an eindeutig feststeht.

Wichtig im Deutschen ist, dass bei Personenbezeichnungen das grammatische Geschlecht oft genutzt wird, um das biologische Geschlecht zu markieren (vgl. Bußmann/Hellinger 2003: 150). Zum Teil haben wir das unter Punkt 1 schon gesehen. Gemeint sind hier substantivierte Adjektive und Partizipien.

der Kranke – die Kranke
der Reisende – die Reisende
der Gefeierte – die Gefeierte

Adjektive und Partizipien bezeichnen »normalerweise« keine Objekte oder Personen, sondern Eigenschaften und Zustände. Sie haben daher, anders als Substantive, kein grammatisches Genus. Wenn diese Wortarten nun substantiviert werden, dann erhalten sie ihr grammatisches Genus entsprechend dem semantischen bzw. biologischen Geschlecht der Bezugsperson. In diesen Fällen beeinflusst also das biologische Geschlecht das grammatische Genus des substantivierten Adjektivs oder Partizips.

Diese vier Schichten – das grammatische, das semantische, das soziale und das biologische Geschlecht – wirken bei Fragen des richtigen Genderns zusammen; insbesondere in Zweifelsfällen ist es sinnvoll, zu überlegen, auf welcher Ebene ein Problem oder eine Unklarheit besteht.

→ 2.2 Das »generische Maskulinum«

Einer der Hauptstreitpunkte in den Debatten um geschlechtergerechte Sprache seit den 1970er-Jahren ist das sogenannte »generische Maskulinum«. Diese Diskussion ist so wichtig wie kompliziert. Sie ist uns einen eigenen Abschnitt wert.

Zunächst wenden wir uns der Frage zu, welche sprachlichen Ausdrücke überhaupt von der Problematik des »generischen Maskulinums« betroffen sind. Die Schwierigkeit entfaltet sich bei Personenbezeichnungen mit systematischer Genusdifferenzierung, insbesondere solchen, die eine Ableitung semantisch weiblicher, grammatisch femininer Formen mit *-in* bilden. Dies sind beschreibende Bezeichnungen wie *der Bürger / die Bürgerin, der Wähler / die Wählerin, der Patient / die Patientin* und Tätigkeits-, Amts- und Berufsbezeichnungen wie *der Professor / die Professorin, der Beamte / die Beamtin, der Kanzler / die Kanzlerin, der Student / die Studentin.* Auch die bereits ausführlich besprochenen substantivierten Adjektive und Partizipien im Singular gehören hierher (*der Reisende / die Reisende, der Versicherte / die Versicherte* usw.).

Beim Bezug auf »gemischte« Gruppen, also Gruppen von Personen, die Frauen und Männer einschließen, wie auch bei allgemeingültigen (im engen Sinn »generischen«) Aussagen stellt sich die Frage, welche sprachliche Form gewählt werden soll. Genauer gesagt: Diese Frage stellt sich heute, nachdem sie von der feministischen Sprachkritik massiv vorgetragen wurde.

Traditionell wird in solchen Fällen unhinterfragt das grammatische Genus Maskulinum gesetzt. Damit wird die Bezeichnung für männliche Personen als die »unmarkierte« Form und als korrekter sprachlicher Ausdruck auch für gemischte Gruppen angesehen. Weibliche Personen gelten als »mitgemeint«. Die Sprachwissenschaftlerin Luise Pusch, eine der Begründerinnen der feministischen Linguistik in Deutschland (siehe auch Kap. 6) hat sich hierzu früh und in ihrer bekannten polemischzuspitzenden Art geäußert:

> *»99 Staatsbürgerinnen und ein Staatsbürger sind auf Deutsch 100 Staatsbürger. Die 99 Bürgerinnen können zusehen, wo sie bleiben; sie sind nicht der Rede wert. [...] Das Medium Sprache aber ist grammatisch so organisiert, daß mit*

fast jedem Satz, in dem von Personen die Rede ist, die Vorstellung ›männliche Person‹ erzeugt wird. Denn unsere Grammatiken schreiben vor, daß jede noch so große Menge von Frauen symbolisch zu einer Männermenge wird, sobald nur ein einziger Mann hinzukommt.« [Pusch 1999: 10 ff.]

Nicht selten wird auch heute noch diese Position vertreten. Und in den romanischen Sprachen ist dies gegenwärtig noch die übliche Gebrauchsnorm für Personenbezeichnungen bei gemischten Gruppen. Doch sei an dieser Stelle festgehalten, dass in weiten Teilen der Gesellschaft die zitierte traditionell befürwortende Haltung zum »generischen Maskulinum« inzwischen nicht mehr dominiert. Selbstverständlich raten alle Leitfäden für gendergerechte Sprache von der Verwendung dieser **Gebrauchsgewohnheit** – denn das ist das »generische Maskulinum« letztlich – ab. Woran liegt es nun, dass seine Verwendung derart in Verruf geraten ist? Auch hier hilft ein Beispiel. Wir stellen uns wieder eine Nachricht in unserer fiktiven Zeitung vor und fragen uns, worauf sich der Ausdruck *Bürger* hier bezieht:

Am kommenden Sonntag sind 57 Millionen Bürger zur Stichwahl aufgerufen.

Sind mit *Bürger* die Männer und Frauen des Wahlgebiets gemeint oder nur die Männer? Solange wir nur dieses Textsegment vor uns haben, können wir nicht sicher sein. Der Ausdruck *Bürger* ist in diesem Kontext mehrdeutig, d. h., er ist unterschiedlich interpretierbar. Einerseits kann *Bürger* sich auf männliche Personen und nur auf diese beziehen. Dann ist der Ausdruck geschlechtsspezifisch verwendet. Andererseits kann er jedoch auch so verwendet werden, dass Männer und Frauen gemeint sind. In diesem Fall wird vom »generischen Maskulinum« gesprochen.

Nun kann der sprachliche oder auch der außersprachliche Kontext die Frage klären, ob Frauen bei einer rein maskulinen Personenbezeichnung mitgemeint sein sollen oder ob dies nicht der Fall ist. Unser Beispielsatz lässt sich in beide Richtungen durch Hinzufügungen präzisieren:

- Version A: *Bürger* als »generisches Maskulinum«

  *Am kommenden Sonntag sind 57 Millionen **Bürger** zur Stichwahl aufgerufen. Die 29 Millionen **Frauen** und 28 Millionen **Männer** bestimmen durch ihre Wahl direkt das künftige Staatsoberhaupt.*

- Version B: *Bürger* als spezifisch männlicher Ausdruck

  Am kommenden Sonntag sind 57 Millionen **Bürger** *zur Stichwahl aufgerufen. Im Vorfeld der Wahlen ist es seit Wochen zu Demonstrationen und Unruhen gekommen, da zahlreiche Parteien und Menschenrechtsorganisationen* ***die Einführung des Frauenwahlrechts fordern***.

Während in der A-Version die Form *Bürger* auf Männer und Frauen verweisen soll, sind in der B-Version Frauen nicht mitgemeint. Dies erschließt sich aus den jeweiligen Folgesätzen. Die sprachliche Form *Bürger* jedoch ist ohne weitere Erläuterungen in ihrem außersprachlichen Bezug intransparent. Männer sind durch diese Form immer explizit angesprochen und können sich somit in jedem Fall gemeint fühlen. Frauen hingegen sind durch diese Form nicht direkt angesprochen. Sie wissen nie, ob sie in einem konkreten Fall »mitgemeint« sind und sich also **angesprochen** fühlen sollen oder ob sie nicht gemeint, also **ausgeschlossen** sind.

Dies hat gravierende Folgen, die inzwischen als diskriminierend und benachteiligend gegenüber Frauen erkannt worden sind. Es gibt zahlreiche psycholinguistische und kognitionspsychologische Studien, die belegen, dass bei der Verwendung des »generischen Maskulinums« Frauen mental nicht oder nicht adäquat repräsentiert werden. Die Vorstellung von Frauen als relevanten Personen im besprochenen Sachverhalt wird durch diese Sprachform also erschwert oder gar unmöglich (vgl. die Literaturverweise in Kapitel 6).

Ein sehr einfaches Testverfahren, das Sie selbst erproben können, verdeutlicht die fatale Wirkung dieser Form und illustriert auf sehr plastische Weise, dass Frauen durch das »generische Maskulinum« mental nicht repräsentiert werden. Es ist ganz einfach:

Sie stellen einer Gruppe von Personen (einer Schulklasse zum Beispiel oder einer Runde Kollegen und Kolleginnen) folgende Frage:

Wer ist dein/Ihr Lieblingsschauspieler?

Sie bitten um Niederschrift auf einem Zettel und werten die gesammelten Ergebnisse dann aus. Mit Sicherheit werden Sie ausschließlich (oder fast ausschließlich) die Namen männlicher Personen als Antworten auffinden. In einem zweiten Test, zu dem Sie eine andere, aber vergleichbare Gruppe einladen sollten, stellen Sie die Frage folgendermaßen:

Wer ist dein/Ihr Lieblingsschauspieler bzw. deine/Ihre Lieblingsschauspielerin?

Auch hier bitten Sie um Niederschrift. Die Auswertung wird mit sehr hoher Wahrscheinlichkeit eine etwa gleiche Zahl von Frauen- wie Männernamen ergeben.

Mit diesem kleinen Fragespiel wird sehr klar, was mit mentaler Aktivierung oder eben Nicht-Aktivierung von Konzepten (Stereotypen) gemeint ist. Und es wird klar, welche Rolle die Sprache hierbei spielt: Erst wenn explizit auch nach weiblichen Personen gefragt wird, werden diese genannt. Wenn hingegen nicht explizit nach weiblichen Personen gefragt wird, dann wird an diese Gruppe nicht unbedingt gedacht.

Ein sehr eindrückliches Beispiel aus der Rechtsgeschichte des 20. Jahrhunderts, das bereits von Karl Kraus 1912 kommentiert wurde, erwähnt Grabrucker (vgl. auch Schoenthal 1989: 297 f.):

> *»Anläßlich der Wahl einer Frau in den Böhmischen Landtag (1912) entspann sich ein juristischer Disput um das Problem, ob diese Frau überhaupt in den Landtag einziehen könne, hieß es doch im damals geltenden Gesetz von 1861: »Als Landtagsabgeordneter ist jeder gewählt, der ...« Da sie nun aber eine Frau sei, träfe das Gesetz seinem Wortlaut nach gar nicht zu.« [Grabrucker 1988: 613]*

Die maskuline Form bei geschlechtsdifferenzierenden Personenbezeichnungen ist **keine** geschlechtsneutrale Form. Der Ausdruck »generisches Maskulinum« ist sachlich unzutreffend und irreführend.

Das »generische Maskulinum« verstößt gegen das grundlegende Kommunikationsprinzip der Klarheit und Vermeidung von Mehrdeutigkeit. Schon aus diesem Grund sollte es vermieden werden. Die offenkundige Benachteiligung von Frauen durch diesen Sprachgebrauch ist ein weiteres, nicht weniger wichtiges Argument gegen seine Weiterführung.

Vermeiden Sie das »generische Maskulinum«, wenn Sie klar, eindeutig und gendergerecht kommunizieren wollen!

→ 2.3 Ein kleiner Exkurs zu Gegensatzpaaren

Obwohl es, wie schon erwähnt, allen, die sich mit geschlechtergerechter Sprache befassen, klar ist, dass das »generische Maskulinum« nicht als korrekter Sprachgebrauch propagiert werden sollte, haben sich gerade in letzter Zeit wieder verstärkt Stimmen Gehör verschafft, die sich für diese letztlich frauenfeindliche Praxis stark machen. Die Argumentation ist – wenn überhaupt argumentiert wird – eine, die auf einer Fehlinterpretation der Verteilung semantischer Merkmale aufsetzt. Ohne in die zum Teil heftig geführte gesellschaftspolitische Debatte einsteigen zu wollen, sei hier abschließend und zum Zweck der sachlichen Klärung ein Blick auf die relevanten semantischen Bedingungen bei sprachlichen Gegensatzpaaren geworfen.

Wir erinnern uns an die gleichwertigen (äquipollenten) Gegensätze zwischen den Unterbegriffen *Stute* und *Hengst* zum Oberbegriff *Pferd* bzw. *Frau* und *Mann* zum Oberbegriff *Person* (vgl. Kap. 2.1).

Nun gibt es nicht für alle Personenbezeichnungen solche Oberbegriffe. Insbesondere nicht für die zahlreichen Personenbezeichnungen, die weibliche Ableitungsformen (vorwiegend auf *-in*) haben. Die Verfechter des »generischen Maskulinums« behaupten nun, dass diese Opposition genauso zu behandeln sei wie andere sprachliche Oppositionsbeziehungen, die ein markiertes Mitglied einem unmarkierten, allgemeineren Mitglied gegenüberstellen. Sehen wir uns zunächst die Struktur dieses Typs von Opposition an. Wir verwenden dazu die Opposition zwischen den Adjektiven *jung* und *alt*.

Hier liegt eindeutig der Fall einer unterschiedlichen Gewichtung der beiden Gegensatzbezeichnungen vor. *Alt* ist die allgemeinere Bezeichnung, *jung* hingegen die speziellere. Das zeigt sich z. B. daran, dass die normale Frage nach dem Alter einer

Person immer lautet *Wie alt bist du / sind Sie?* (und nicht *Wie jung bist du / sind Sie?*), unabhängig davon, ob die befragte Person objektiv eher jung oder eher alt ist. Das Adjektiv *alt* übernimmt somit einerseits die Rolle des Oberbegriffs, der Neutralisationsstufe, andererseits die Rolle des Gegensatzes zum markierten Wert ›jung‹. Die Struktur einer solchen Opposition lässt sich folgendermaßen wiedergeben:

Oberbegriff/		
Neutralisationsform	alt	
›Alter‹, ›Zahl an Jahren‹		
Unterbegriffe	alt	jung
Merkmalsopposition der Unterbegriffe	›hohe Zahl an Jahren‹	›geringe Zahl an Jahren‹

Diese Art der Strukturierung der Gegensätze gibt es auch bei Substantiven. Ein häufig zitiertes Beispiel ist die Opposition zwischen *Tag* und *Nacht*, bei der *Tag* der Oberbegriff und der unmarkierte Wert ist und *Nacht* der markierte.

Oberbegriff/		
Neutralisationsform	Tag	
›Zeiteinheit von 24 Stunden‹		
Unterbegriffe	Tag	Nacht
Merkmalsopposition der Unterbegriffe	›Zeit vom Aufgang der Sonne bis zum Untergang der Sonne‹	›Zeit vom Untergang der Sonne bis zum Aufgang der Sonne‹

Die Verfechter und Verfechterinnen des »generischen Maskulinums« behaupten nun, dass auch die genannten Personenbezeichnungen mit Feminin-Ableitungen notwendig nach diesem Muster des Gegensatzes aufgebaut sein müssten.

Hierzu gibt es jedoch keinen sprachsystematischen Grund. Der binäre Oppositionstyp *Tag/Nacht, alt/jung* ist in der Sprache zwar häufig vertreten, der äquipollente (*Pferd: Stute – Hengst* usw.) ist es jedoch auch. Die folgende Tabelle gibt ein Beispiel für äquipollente Opposition bei Adjektiven anhand des Beispiels *kalt/heiß*. Hier ist keines der beiden Adjektive als Oberbegriff verwendbar, sodass man einen völlig

anderen Begriff verwenden muss: *Welche Temperatur hat das Freischwimmbecken?*
Und nicht: *Wie heiß/wie kalt ist das Freischwimmbecken?* (Der Stern * bedeutet,
dass die Äußerung als sprachlich nicht korrekt betrachtet wird).

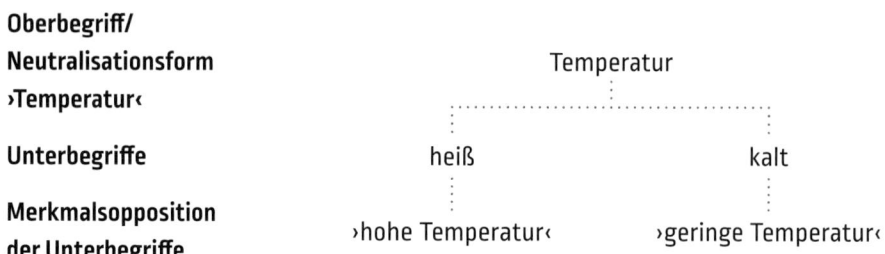

Oberbegriff/ Neutralisationsform ›Temperatur‹	Temperatur	
Unterbegriffe	heiß	kalt
Merkmalsopposition der Unterbegriffe	›hohe Temperatur‹	›geringe Temperatur‹

Wie wir bereits gesehen haben, gilt diese Struktur auch für Tier- und Personenbezeichnungen. Einen eigenen Ausdruck als Oberbegriff und jeweils zwei gleichwertige
Ausdrücke als Unterbegriffe haben z. B. folgende Bezeichnungen:

> *Pferd: Stute – Hengst*
> *Person: Frau – Mann*
> *Kind: Mädchen – Junge*

Da dieses Muster in der Sprache geläufig ist und auch bei Personenbezeichnungen
natürlich auftritt, gibt es grundsätzlich keinen Hinderungsgrund, dieses Muster auf
weitere Personenbezeichnungen auszuweiten und damit die historisch erklärbare,
jedoch eindeutig sexistische Praxis des »generischen Maskulinums« zu überwinden.
Zur Verdeutlichung ein letztes Mal eine Tabelle mit äquipollenten Oppositionen bei
Personenbezeichnungen:

Oberbegriff/ Neutralisationsform		Person	
Unterbegriffe	Frau		Mann

Oberbegriff/ Neutralisationsform		Kind	
Unterbegriffe	Mädchen		Junge

Oberbegriff/ Neutralisationsform		Fachkraft	
Unterbegriffe	Fachfrau		Fachmann

Oberbegriff/ Neutralisationsform		Studierende (Plural)	
Unterbegriffe	Studierende, Studentin		Studierender, Student
Merkmalsopposition der Unterbegriffe	›weiblich‹		›männlich‹

Die Zahl solcher Gegensatzpaare ist groß. Sie repräsentieren ein wichtiges Muster des deutschen Sprachsystems. Nichts spricht dagegen, dieses im Sinne der Verbesserung der Gleichstellung auszubauen.

Wo dies nicht möglich ist, können andere Formen der geschlechtergerechten Sprachverwendung gefunden werden. Diese sehen wir uns im nächsten Kapitel an.

Aus dem Sprachsystem des Deutschen ergibt sich kein sachlicher Grund für die Verwendung des sogenannten »generischen Maskulinums«. Letzteres stellt eine bestimmte Art des Sprachgebrauchs dar, die verändert werden kann.

3 Richtig gendern auf der Wortebene

In diesem Kapitel möchten wir Ihnen ein Instrumentarium an die Hand geben, wie Sie auf der »Wortebene« geschlechtergerechte Texte formulieren können, sprich: wie es möglich ist, »generische Maskulina« durch gendergerechte Formulierungen zu ersetzen. Dies kann in der Praxis natürlich nie losgelöst vom Gesamttext erfolgen (vgl. dazu Kap. 4 und 5), aber zunächst soll es um die verschiedenen grundsätzlichen Möglichkeiten (und Schwierigkeiten) gehen. Wir illustrieren diese Techniken anhand besonders häufig vorkommender Fälle.

→ 3.1 Ausführliche Doppelnennung

Die Doppelnennung femininer und maskuliner Formen ist die höflichste und eindeutigste Variante der sprachlichen Gleichstellung, denn es werden explizit die weiblichen und männlichen Personen genannt, um die es geht:

> *Kolleginnen und Kollegen*
> *Schüler und Schülerinnen*
> *Assistentin oder Assistent*
> *einer oder eine*
> *jede und jeder*

Sie ist vor allem in der persönlichen Anrede üblich (*Liebe Mitbürgerinnen und Mitbürger*), denn dort werden Sie ja explizit wollen, dass sich alle individuell angesprochen fühlen.

Die Bildung femininer Formen

Für die Doppelnennung muss man wissen, wie feminine Formen zustande kommen, denn meist entstehen sie als Ableitungen von maskulinen Formen. Wir bilden diese Formen normalerweise intuitiv, denn wir kennen den Grundsatz: Feminine Personenbezeichnungen werden aus maskulinen in der Regel durch das Suffix *-in* abgeleitet, das an den Stamm der maskulinen Form angehängt wird. Das kann unterschiedlich aussehen:

- Entweder wird die Endung *-in* an den **vollständigen Stamm** des Maskulinums angehängt:

  Dieb – Dieb|in, Chef – Chef|in

- Oder die Endung *-in* wird an den Stamm **ohne** das auslautende *-e* angehängt:

  Bot|e – Bot|in, German|e – German|in

- Oder die Ableitung erfolgt mit der Endung *-in* und einem **Umlaut:**

  Franzose – Französin, Arzt – Ärztin

Diese Art der Bildung von Feminina gilt auch für Stämme, die auf *-er* oder *-rer* enden:

-er: *Bäcker – Bäcker|in, Betreuer – Betreuer|in, Manager – Manager|in, Vermittler – Vermittler|in*

-rer: *Bewahrer – Bewahrer|in, Lehrer – Lehrer|in, Verehrer – Verehrer|in, Verführer – Verführer|in*

Aufpassen müssen Sie nur bei maskulinen Personenbezeichnungen auf *-erer*, denn da wird die feminine Endung *-in* **an die Stelle** des zweiten *-er* gesetzt, also nicht einfach nur angehängt:

Erober|er – Erober|in (**nicht:** *Erobererin*), *Förder|er – Förder|in* (**nicht:** *Fördererin*), *Läster|er – Läster|in* (**nicht:** *Lästererin*)

Wird ein *-erer* wiederum auf *-rer* verkürzt, tritt *-in* dagegen doch an den vollständigen Stamm, wie wir es oben gesehen haben:
  Bewunder|er – Bewunder|in, **aber:** *Bewundrer – Bewundrer|in*
  Ruder|er – Ruder|in, **aber:** *Rudrer – Rudrer|in*

Zu einigen Maskulina wie *Abenteurer* oder *Märtyrer* gibt es zwei feminine Formen. Beide Bildungen sind in diesen Fällen korrekt:

> *der Abenteurer: die Abenteurerin* und *die Abenteuerin*
> *der Märtyrer: die Märtyrerin* und *die Märtyrin*

Die Strategie der Doppelnennung ist oft das Mittel der Wahl, weil damit Männer und Frauen gleichermaßen benannt und explizit angesprochen werden. Besonders in denjenigen Kontexten, in denen es um beide Geschlechter geht, Frauen aber traditionell nicht so häufig vorkommen und daher bewusst angesprochen werden sollen, sollten Sie ausprobieren, ob die Doppelnennung nicht das angemessenste Mittel ist. Das kann zum Beispiel in Beschreibungen von Berufen der Fall sein, die nach wie vor vorwiegend männlich besetzt sind, in denen aber die Förderung von Frauen oder die Erhöhung der Anzahl beschäftigter Frauen angestrebt werden soll – aber auch umgekehrt.

-mann/-frau:
Zu Komposita mit *-mann* können die femininen Entsprechungen in der Regel mit *-frau* gebildet werden und umgekehrt:

Maskuline Form	Feminine Form
Feuerwehrmann	*Feuerwehrfrau*
Vertrauensmann	*Vertrauensfrau*
Kaufmann	*Kauffrau*

Feminine Form	Maskuline Form
Hausfrau	Hausmann
Putzfrau	Putzmann

Der Plural **zu beiden Formen** wird mit *-leute* gebildet:

> *Feuerwehrleute, Kaufleute*

Mittlerweile gibt es bereits für viele Ämter und Verwaltungsbereiche die Empfehlung, Berufs-, Amts- und Funktionsbezeichnungen für Frauen mit den jeweils femininen Formen zu bilden. In bestimmten Zusammenhängen können geschlechtsindifferente Formen aber geeigneter sein:

> *Ersatzperson, Gewährsperson; Fachkraft, Reinigungskraft usw.*

Feminine Titel und Berufsbezeichnungen

Besonders wichtig sind feminine Formen natürlich dort, wo es konkret um Frauen geht, die mit einem Titel oder einer Berufsbezeichnung benannt und/oder direkt angesprochen werden. Zu nahezu allen solchen Titeln und Berufsbezeichnungen existieren die femininen Entsprechungen, die sich auch weitestgehend durchgesetzt haben.

- Benennung:

  > *Sie ist **Professorin** an der Musikhochschule.*
  > *Sie wird **Staatssekretärin** im Familienministerium.*
  > *Die **Bundesministerin** für Verteidigung, [Frau] X, eröffnete die Debatte.*
  > ***Ministerpräsidentin** N. N. sprach vor dem Kongress.*
  > *Sie ist **Amtfrau, Referentin für Jugendfragen, Redakteurin, Prokuristin, Direktorin, Rechtsanwältin, Richterin** ...*
  > *Ihr wurde der Titel **Diplomkauffrau, Magistra Artium** verliehen.*

- Direkte Anrede:

  > *Sehr geehrte Frau Staatssekretärin / Ministerialrätin / Oberschulrätin ...*
  > *Liebe Frau Bundeskanzlerin ...*

Bei manchen Titeln schwankt der Gebrauch allerdings auch: Zum Beispiel hat sich in der schriftlichen Anrede der feminine Titel *Professorin* zwar weitgehend durchgesetzt; in gesprochener Sprache sind dagegen (noch?) die Formen *Frau Professor* und *Frau Professorin* üblich. Bei den Formen *Doktor/Doktorin* ist die Bezeichnung *Doktorin* seltener und überwiegend in Österreich gebräuchlich, meist heißt es also nach wie vor *Frau Doktor*. Allerdings machen Sie überhaupt nichts falsch, wenn Sie eine Frau mit *Frau Doktorin* anreden.

Was dagegen heute gar nicht mehr üblich ist, ist die frühere Sitte, Titel oder Berufsbezeichnung eines Mannes [in der Anrede] auf die Ehefrau zu übertragen. Man sagt in diesen Fällen also **nicht** *Frau Professor* oder *Frau Doktor,* wenn die entsprechende Frau nicht selbst Professorin oder promoviert ist.

Zuweilen wird zur Geschlechtskennzeichnung einem maskulinen Titel oder einer maskulinen Berufsbezeichnung auch das Attribut ›weiblich‹ vorangestellt *(Sie war der erste weibliche Minister).* Solche Formulierungen sollten Sie vermeiden; auf die Schwierigkeiten dieser Fälle gehen wir im Kapitel zu Satz und Text noch ein.

Die femininen Formen zu den maskulinen Berufsbezeichnungen auf -*eur* werden im Deutschen mit -*in* gebildet:

> *Dekorateurin, Ingenieurin, Konstrukteurin, Redakteurin, Regisseurin, Spediteurin*

Zu einigen wenigen Berufsbezeichnungen sind auch die Formen auf -*euse* möglich. Diese werden jedoch häufig abwertend gebraucht, z. B. bei *Masseurin/Masseuse* (vgl. Tippkasten auf der nächsten Seite).

Daher wird zunehmend auf die -*euse*-Formen verzichtet. Nur bei manchen Bezeichnungen sind sie noch sehr verbreitet bzw. die einzig übliche oder Hauptvariante. In Abstufung der momentanen Häufigkeit hier ein paar Beispiele:

- Nur auf -*euse* sind üblich:

  Souffleuse, Diseuse

- Die Endung -*euse* ist noch häufiger als -*eurin* bei:

  Dompteuse, [seltener:] Dompteurin

- Offiziell nur -*eurin,* umgangssprachlich noch -*euse* bei:

  Friseurin, [umgangssprachlich:] Friseuse

- Offiziell nur -*eurin* und auch die empfehlenswerte Bezeichnung bei:

  Masseurin

Masseurin/Masseuse
Beide femininen Bildungen zu *Masseur* konnten früher in gleicher Weise
gebraucht werden. Inzwischen hat sich die Form *Masseurin* als allein korrekte
Berufsbezeichnung durchgesetzt; die Form *Masseuse* hat heute dagegen meist
die Bedeutung ›Prostituierte in einem Massagesalon‹.

Gestaltung der Doppelnennung

Praktisch können Sie die Doppelnennung je nach Kontext in verschiedener Weise
durchführen, denn die Formen können im Singular oder im Plural stehen und mit
unterschiedlichen Konjunktionen verbunden werden; in welcher Reihenfolge Sie die
beiden Formen nennen, ist vollkommen variabel:

- Verbinden Sie Formen im Singular mit der Konjunktion *oder:*

  der Antragsteller oder die Antragstellerin

- Verbinden Sie Formen im Singular mit der Konjunktion *und:*

  der Schüler und die Schülerin

- Verbinden Sie Formen im Plural mit der Konjunktion *und:*

  die Antragstellerinnen und [die] Antragsteller

- Verbinden Sie Formen im Plural mit der Konjunktion *oder:*

  die Antragstellerinnen oder [die] Antragsteller

Sie haben zudem die Möglichkeit, die Konjunktion durch einen Schrägstrich zu ersetzen (zu weiteren Varianten mit Schrägstrich vgl. S. 41 ff. im folgenden Abschnitt):

  der Antragsteller / die Antragstellerin

Der Vorteil aller dieser Möglichkeiten liegt auf der Hand: Sie sprechen explizit alle
potenziell Betroffenen an, sowohl Männer als auch Frauen werden sich gemeint
fühlen.

Statt der maskulinen Form …	… ist die Doppelnennung besser
Der Antragsteller unterschreibt hier.	*Der Antragsteller oder die Antragstellerin unterschreibt hier.*
Die Schüler wechseln sich ab.	*Der Schüler und die Schülerin wechseln sich ab.*
Alle Mitarbeiter werden gebeten …	*Alle Mitarbeiterinnen und Mitarbeiter werden gebeten …*
Bewerber melden sich an der Pforte.	*Bewerberinnen oder Bewerber melden sich an der Pforte.*

Den Nachteil sehen Sie beim Blick auf die Tabelle: Man braucht für die Doppelnennungen mehr Platz – was etwa bei einer Begrenzung der Zeichenzahl in bestimmten Textformaten ein Problem darstellen kann. Auch in der gesprochenen Sprache kann es störend wirken, in kurzen Abständen immer wieder zwei Formen statt einer auszusprechen. Daher zeigen wir Ihnen im folgenden Abschnitt Möglichkeiten auf, wie Sie statt dieser langen Formen verkürzt schreiben können.

→ 3.2 Sparschreibung bei Doppelnennung

Aus Gründen der Übersichtlichkeit und um sprachökonomisch zu kommunizieren, findet man z. B. in Formularen und in Texten mit vielen Wiederholungen diverse Varianten der Doppelnennung in Form der sogenannten Sparschreibung. Dabei wird jeweils ein Teil des relativ langen Ausdrucks eingespart – das kann z. B. regelgerecht mithilfe des Schrägstrichs in Kombination mit dem »Ergänzungsbindestrich« erfolgen, der bei der Zusammenfassung mehrerer Wörter das Einsparen von Wortteilen ermöglicht, oder durch weitere kreative Techniken, die von der konventionellen Orthografie (noch?) nicht erfasst sind. Außerdem möchten wir Sie in diesem Abschnitt auch mit potenziellen Problemen vertraut machen, die bei der Sparschreibung auftreten können.

Schrägstrich mit Bindestrich

Der eben schon kurz erwähnte Schrägstrich dient der Angabe mehrerer gleichberechtigter Möglichkeiten:

> *Frau/Herrn, Arzt/Ärztin, Patientinnen/Patienten, jede/jeder*

Hinzu kann in vielen Fällen eine andere Möglichkeit treten, die uns die amtliche Rechtschreibung bietet, nämlich die Einsparung von Wortteilen mithilfe des Bindestrichs:

> *Textilgroßhandel und Textileinzelhandel = Textilgroß- und -einzelhandel*
> *Eingang und Ausgang = Ein- und Ausgang, Ein-/Ausgang*

Bei Personenbezeichnungen, die sich nur durch die Endung unterscheiden und bei denen sich kein Vokal ändert, kann also mithilfe des Schrägstrichs und des Bindestrichs deutlich verkürzt geschrieben werden; der Ergänzungsbindestrich vor der Endung ist nach der amtlichen Rechtschreibung nach wie vor vorgesehen, wird allerdings aus typografischen Gründen häufig auch weggelassen:

Ausführliche Doppelnennung	Verkürzte Doppelnennung
Mitarbeiter und Mitarbeiterinnen	*Mitarbeiter/-innen*
Mitarbeiter/Mitarbeiterinnen	*Mitarbeiter/innen*
Assistent und Assistentin	*Assistent/-in*
Assistent/Assistentin	*Assistent/in*
jede und jeder	*jede/-r*
jede/jeder	*jede/r*

Wenn die feminine Form allerdings mit einem Umlaut gebildet wird, ist dies leider nicht möglich, denn dann gibt es ja keinen gleichlautenden Wortteil, auf den man sich beziehen könnte. Solche Wortpaare können daher nicht verkürzt, sondern nur mit Schrägstrich geschrieben werden – es entfällt also lediglich die Konjunktion *und* bzw. *oder* (vgl. S. 35).

> *Arzt/Ärztin, Bauer/Bäuerin, Bischof/Bischöfin*

Eine weitere Einschränkung bei der Sparschreibung mit Schrägstrich ergibt sich daraus, dass sich üblicherweise ein grammatisch korrektes und leicht lesbares

Wort ergeben soll, wenn der Schrägstrich weggelassen wird. Wortpaare, bei denen die feminine Form nicht nur durch Anfügen eines Suffixes an die maskuline Form gebildet wird, sondern bei denen auch ein Wortbestandteil von der maskulinen Form weggelassen werden muss, können deshalb nicht so einfach mit dem Schrägstrich verkürzt werden, wenn wir uns im Rahmen der sprachsystematischen Regeln bewegen wollen:

> Singular: *Kolleg**e*** → *Kolleg**in***
> Plural: *Kolleg**en*** → *Kolleg**innen***

Wenn Sie nun beide Formen (also *Kollegen* und *Kolleginnen*) in Sparschreibung nennen möchten, wird es schwierig: Die Verwendung zweier Schrägstriche in solchen Fällen ist aus typografischen Gründen meist nicht das Mittel der Wahl; **nicht** üblich ist also zum Beispiel *Kolleg-/-inn-/-en* (dazu kommen wir bei den Pluralformen noch einmal ausführlicher, vgl. S. 52 f.).

Auch bei unterschiedlichen Endungen innerhalb einer Wortgruppe sollten Sie besser alle Formen ausschreiben (ausführlicher zu solchen Fragen gleich im Abschnitt Singularformen):

> *Wir suchen eine erfahrene Webdesignerin / einen erfahrenen Webdesigner.*

Aufgrund dieser Schwierigkeiten bei der Einsparung lässt sich in den letzten Jahren ein interessanter Wandel im Gebrauch der Kurzformen beobachten: Aus pragmatischen Gründen wird offensichtlich die Doppelform in der Sparschreibung wie ein Gesamtwort (ähnlich einem Pluralwort) behandelt, das entsprechend unkompliziert flektiert wird – ohne Bindestrich und gegebenenfalls auch ohne auf die eigentlich nötige Endung zu achten, die zum Beispiel im Dativ Plural des Maskulinums (*Mitarbeiter**n*** oder *Kollegen*) nötig wäre:

> *den Mitarbeiter/innen = den Mitarbeiterinnen und Mitarbeitern*
> *den Kolleg/innen = den Kollegen und Kolleginnen*

Bei der verkürzten Schreibweise für *Mitarbeiter und Mitarbeiterinnen* gibt es die Möglichkeit, mithilfe des Schrägstrichs und Ergänzungsbindestrichs verkürzt zu schreiben: *Mitarbeiter/-innen*, zu beobachten häufig auch ohne Bindestrich:

Mitarbeiter/innen. Einschränkungen gibt es aber z. B. beim Dativ Plural (nicht zu empfehlen: *den Mitarbeiter[n]/-innen,* vgl. genauer dazu die Ausführungen auf S. 49). Auch hierfür findet man daher zunehmend die einfache Form: *den Mitarbeiter/innen.* Wenn Sie nicht an die amtlichen Regeln gebunden sind (wie es etwa Schulen und Behörden aber sind!), dann können Sie diese Möglichkeit nutzen – offiziell korrekt ist sie allerdings nicht.

Bei solchen Lösungen wird der Anspruch aufgegeben, Doppelformen zu finden, die sowohl die morphologische als auch die orthografische Struktur der Einzelformen berücksichtigen. Ähnlich wie bei Abkürzungen ist natürlich klar, was gemeint ist und was also (im Geiste) ergänzt werden muss, um die ausführliche korrekte Form zu erhalten. Damit entfallen die sprachsystematischen Probleme, die auftauchen, wenn man die beiden Formen unabhängig voneinander mit der jeweiligen Flexionsendung versehen möchte *(den Mitarbeiter-/-inne-/-n)* – allerdings bewegt man sich damit außerhalb der orthografischen Normen und der grammatisch korrekten Formen; der Sprachgebrauch scheint sich hier also losgelöst von formalen Regeln zu entwickeln. Ein weiterer Schritt in diese Richtung sind ähnlich kreative Schreibungen wie *MitarbeiterInnen, Mitarbeiter*innen, Mitarbeiter_innen,* die sich ebenfalls nicht im Rahmen der amtlichen Rechtschreibung bewegen und die im Folgenden besprochen werden.

→ *Wir verwenden bevorzugt Doppelnennungen wie »Schülerinnen und Schüler«, gern abgekürzt durch Schrägstrich (»Lehrer/-in«). Wenn im Satz allerdings Pronomen folgen, die dann auch doppelt genannt werden müssten, gibt der didaktische Grundsatz der besseren Lesbarkeit den Ausschlag und wir nennen nur ein Geschlecht, wenn möglich abwechselnd. Ersatzformen wie »Lehrende« oder »Lernende« sind für Letztere meist ungebräuchlich. Da wir Deutschlehrkräfte ansprechen, können wir auch keine als nicht normgerecht empfundenen Schreibungen wie SchülerIn oder Lehrer*in verwenden.*

Matthias Grupp, Redaktionsleiter Deutsch, Cornelsen

Großes I

Das große I im Wortinnern wird auch als »Binnen-I« oder »Binnenmajuskel« bezeichnet:

LehrerInnen, MitarbeiterInnen, ManagerInnen, StudentInnen

Diese Schreibung ist seit Anfang der 1980er-Jahre belegt und in bestimmten Kontexten sehr gebräuchlich. Allerdings sehen die offiziellen Rechtschreibregeln Binnengroßbuchstaben nicht vor; sie lehnen sie aber auch nicht explizit ab, denn die Binnengroßschreibung ist schlicht gar nicht Gegenstand des amtlichen Regelwerks.

Das ursprüngliche Ziel, mit der Verwendung des Binnen-I überhaupt erst einmal die Aufmerksamkeit auf das Problem zu lenken, dass mit dem »generischen Maskulinum« Frauen zwar formal mitgemeint sind, aber häufig gedanklich nicht in vollem Maße mit assoziiert werden, ist tatsächlich erreicht worden: Erstens zieht ein Großbuchstabe im Wortinnern Aufmerksamkeit auf sich (nicht umsonst verwendet inzwischen nicht nur die Deutsche Bahn diese Schreibweise in vielen Komposita). Und zweitens kann man mit der Verwendung des Binnen-I den grammatisch-stilistischen Problemen, die wir eben skizziert haben, quasi entgehen, da ohnehin ein »Regelverstoß« zu verzeichnen ist. Zudem wissen alle sofort, wer gemeint ist und was das Ziel ist.

MitarbeiterInnen

In einigen eher knapp gehaltenen Textsorten wie Tabellen, Listen, Protokollen usw. wird nach wie vor gern auf das Binnen-I zurückgegriffen. Es hat den Vorteil, dass auf den ersten Blick deutlich wird, dass sowohl Frauen als auch Männer gemeint sind, und ist trotzdem nicht so unpersönlich wie etwa neutrale Ausdrücke wie *Belegschaft*. Es ist also eine Frage des Geschmacks, ob Sie das Binnen-I in Texten verwenden möchten oder zu denjenigen gehören, die das aus grundsätzlichen Erwägungen ablehnen. Trauen Sie sich eine eigene Meinung zu und probieren Sie es aus, wenn Sie nicht an das amtliche Regelwerk gebunden sind und eigene Texte frei gestalten können.

Aber das große I zog und zieht auch Kritik auf sich. Neben der Tatsache, dass es sich nicht um eine orthografiekonforme Schreibung handelt, wird zum Beispiel bemängelt, man könne die Großschreibung des I leicht übersehen und es für ein kleines i halten. Vor allem aber berufen sich viele auf das Problem der Aussprache: Wie solle man denn eine Wortbildung wie *MitarbeiterInnen* aussprechen? Es gab verschiedene Antworten, die aber allesamt die KritikerInnen nicht zufriedenstellten:

- Bei der mündlichen Realisation solle das Wort wie *Mitarbeiterinnen* ausgesprochen, der Großbuchstabe also einfach wie der kleingeschriebene gesprochen werden. Dann allerdings, so wiederum die Kritik, klinge es wie die feminine Form und es würden – entgegen dem Ziel – nur die Frauen angesprochen.

- Man spricht mit einer kleinen Pause vor dem Binnen-I, mit dem sogenannten Glottisschlag – das wurde oft als zu kompliziert empfunden.

- Man löst beim Sprechen in die Doppelform auf, die gemeint ist, nämlich hier in *Mitarbeiterinnen und Mitarbeiter*. Das ist vergleichbar mit Abkürzungen, die beim Sprechen die lange Form wiedererhalten: Sie kommen vermutlich auch nicht auf die Idee, die Kurzformen *usw.* oder *Hbf.* beim Vorlesen in dieser Gestalt vorzutragen, sondern lösen ganz selbstverständlich in die Vollformen »und so weiter« und »Hauptbahnhof« auf.

Wenn man also die Analogie zu Abkürzungen ernst nimmt, ist die Schreibung mit Binnen-I als eine Form der Sparschreibung für die ausführliche Doppelnennung anzusehen.

Es gibt verschiedene Arten der Sparschreibung, die nicht alle rechtschreibkonform, dafür aber sehr praktisch sind. Hierzu zählt seit Langem das Binnen-I.

Sternchen

Ähnlich verhält es sich mit der »Sternchenlösung«. Hierbei wird ein Stern, auch Asterisk und in unserem Kontext konkret Genderstern oder Gender-Star genannt, statt des großen I vor die feminine Endung gesetzt:

Lehrer*innen, Mitarbeiter*innen, Manager*innen, Student*innen

Der Stern wird in den letzten Jahren zunehmend – und nicht mehr nur wie ursprünglich im universitären Umfeld – verwendet. Besonders häufig findet man das Sternchen in Kontexten, in denen aufgrund aktueller Transgender- und Intersexualitätsdebatten nicht wie in diesem Band von lediglich zwei Geschlechtern ausgegangen wird, Geschlecht also nicht mehr als ein binäres System verstanden wird. Mit dem Sternchen soll bewusst irritiert und die Möglichkeit weiterer Kategorien angedeutet werden. Es wird dabei auch als eine Weiterführung des Binnen-I angesehen, da angenommen wird, dass auch das große I lediglich auf der Annahme nur zweier Geschlechter beruht. Aber auch in Texten, in denen es »nur« um die Nennung femininer und maskuliner Formen geht, ersetzt der Stern inzwischen häufig das Binnen-I und wird als zeitgemäßer empfunden. Beide Lösungen stehen aber natürlich nicht im Einklang mit der amtlichen Orthografie.

Politiker*innen
Sowohl um Geschlechtsstereotypen entgegenzuwirken als auch um Transsexuelle, Transgender und intersexuelle Personen nicht zu diskriminieren, hat etwa die Partei *Die Grünen* Ende 2015 das Gendersternchen offiziell als einen Teil der Strategie beschlossen, ihre Texte gendergerecht zu gestalten: Im Regelfall solle der Gender-Star verwendet werden – neben weiteren Strategien, wie wir sie Ihnen bisher auch schon gezeigt haben.

Unterstrich

Eine weitere Möglichkeit, die sich nicht im amtlichen Regelwerk zur deutschen Rechtschreibung findet, ergibt sich mit dem sogenannten »Gender-Gap«, dem Unterstrich. Auch dieser steht innerhalb der Wortform und soll wie das Binnen-I und das Sternchen mindestens darauf hinweisen, dass feminine und maskuline Form *(Lehrerinnen und Lehrer)* gleichermaßen gemeint sind:

> *Lehrer_innen, Mitarbeiter_innen, Manager_innen, Student_innen*

Ähnlich wie das Sternchen hat der Unterstrich die zusätzliche Implikation, alle über das binäre System hinausgehenden sozialen Geschlechter und Geschlechtsidentitäten auch sprachlich auszudrücken. Gemein ist allen diesen Lösungen eine bewusste Irritation des normalen Schriftbildes.

Der Unterstrich kann allerdings zu einigen praktischen Problemen führen: Wenn Sie ein solches Wort seinerseits unterstreichen möchten, entsteht eine Lücke, denn der Unterstrich verliert sich quasi in der Linie, die sich durch das Unterstreichen ergeben hat. Auch Internetsuchen können durch die unkonventionelle Schreibweise erschwert werden – das gilt im Übrigen natürlich genauso für die Sternchenlösung.

Sparschreibungen
Als Sparschreibungen können alle die genannten Lösungen für Sie durchaus eine Überlegung wert sein – je nach Kontext können sie im informellen Rahmen eine unkomplizierte Hilfe darstellen. Wir können hier als Duden-Autorinnen nun keine allgemeine oder offizielle Empfehlung für die Formen abgeben, die nicht mit der korrekten deutschen Rechtschreibung und Grammatik übereinstimmen, da wir uns selbstverständlich am amtlichen Regelwerk orientieren; wer sich jedoch nicht im amtlichen Kontext bewegt, kann mit diesen kreativen Lösungen sicherlich durchaus etwas anfangen.

→ *Mit einem geschlechtersensiblen Sprachgebrauch können wir alle zu einem wert-*
schätzenden Miteinander beitragen. Unsere Empfehlung: Experimentieren Sie
mit einer »kreativen Lösung«, die die Vielfalt der Geschlechter betont und das
»generische Maskulinum« vermeidet. Je nach Kontext und je nach Adressat*innen
können und sollen sprachliche Mittel eingesetzt werden, die alle Geschlechter
benennen und Ungleichheiten und Diskriminierungen vermeiden. Dazu gehört
neben dem Genderstern auch der Unterstrich.

Dr. Ina Sieckmann-Bock, Gleichstellungsbeauftragte der Universität Freiburg

Klammern

Kehren wir wieder zurück zu amtlich »abgesegneten« Lösungen, also denjenigen, die mit den aktuellen offiziellen Rechtschreibregeln korrespondieren. Grundsätzlich können Buchstaben oder Wortteile zur Kennzeichnung einer Sparschreibung in Klammern eingeschlossen werden – was bedeutet, dass man das Wort mit oder ohne den eingeklammerten Teil lesen kann. Dies gilt unabhängig davon, ob die Klammer am Wortende steht oder ob sie einen Einschub innerhalb des Wortes kenn-zeichnet:

Schüler[in] = Schüler und/oder Schülerin,
Fahrer[innen] = Fahrer und/oder Fahrerinnen
eine[r] = eine oder einer, jede[r] = jede und/oder jeder
Kolleg[inn]en = Kollegen und/oder Kolleginnen,
Student[inn]en = Studenten und/oder Studentinnen

Die Einklammerung der femininen Endung wird jedoch vielfach abgelehnt: Sie er-wecke den Eindruck, die feminine Form sei zweitrangig und weniger wichtig, weil der eingeklammerte Bestandteil weggelassen werden kann – denn übrig bleibt dann ja allein die maskuline Form. Das wiederum verletzt das Gebot der sprachlichen Gleichbehandlung, wie es dem geschlechtergerechten Formulieren zugrunde liegt. Die Klammerlösung ist daher heute kaum mehr üblich.

Konkrete Probleme bei Sparformen im Singular

Wie wir schon im Einleitungskapitel ausgeführt haben, sind geschlechtergerechte Formulierungen im Singular oft nur aufwendig zu realisieren, da die Artikel, Adjektive und Pronomen der femininen und der maskulinen Formen im Singular nicht übereinstimmen:

> *Jede Mitarbeiterin, **die** zu spät kommt, muss **ihre** Verspätung entschuldigen.*
> *Jeder Mitarbeiter, **der** zu spät kommt, muss **seine** Verspätung entschuldigen.*

In diesem Abschnitt geht es um die Möglichkeit einer Sparschreibung, um die vollständig doppelte Formulierung zu vermeiden. In solchen Fällen aber würde ein Verkürzungsversuch zunächst zu stilistisch und grammatisch kaum vertretbaren Ergebnissen führen (wie *Jede/-r Mitarbeiter/-in, der/die zu spät kommt, muss seine/ ihre Verspätung entschuldigen*).

Was also tun? Prüfen Sie immer, ob Sie auf den Plural ausweichen können, denn da stimmen – wie wir schon im zweiten Kapitel ausgeführt haben – zum Beispiel der Artikel *die*, das Relativpronomen *die* und auch andere Pronomen wie das Possessivpronomen *ihre* überein. Wenn Sie also etwa *jede und jeder* durch *alle* ersetzen können, ergibt sich eine einfache Lösung – die Sparschreibung sieht nicht mehr so kompliziert aus und ist auch formal schlüssig:

> *Alle Mitarbeiter/-innen, die zu spät kommen, müssen ihre Verspätung entschuldigen.*

Versuchen Sie bei den Sparschreibungen immer zu prüfen, ob Sie auch auf den Plural ausweichen können. Allerdings wäre in manchen Fällen die explizite Doppelnennung dann auch nicht viel länger als die Sparschreibung:

> *Alle Mitarbeiterinnen und Mitarbeiter, die zu spät kommen, müssen ihre Verspätung entschuldigen.*

Das Ausweichen auf die Pluralform *alle* bietet sich auch als Strategie zur Vermeidung des Pronomens *jedermann* an, das häufig als geschlechtsspezifisch betrachtet wird (und das Ausweichen auf *jedermann und jedefrau* – eine Form, die vor allem im feministischen Sprachgebrauch verbreitet ist – hilft uns nicht weiter, wenn wir verkürzt schreiben wollen):

> *Gesundheitsvorsorge für jedermann* → *Gesundheitsvorsorge für alle*

Gibt es keine passenden Pluralformen, ist die ungekürzte Doppelnennung des Singulars am übersichtlichsten und oft kaum länger:

nicht übliche Sparschreibung	sinnvoll
Wir wollen die Aufmerksamkeit des/-r Lesers/-in wecken.	*Wir wollen die Aufmerksamkeit des Lesers / der Leserin wecken.*
Nebenwirkungen teilen Sie bitte Ihrer/-m Ärztin/Arzt mit.	*Nebenwirkungen teilen Sie bitte Ihrer Ärztin / Ihrem Arzt mit.*

Auch die Kurzformen im Singular mit Klammern haben ihre Tücken. Abgesehen von den grundsätzlichen Bedenken gegen die Klammerlösung (siehe oben) können wir Ihnen Singularformen wie *eine(n) Lehrer(in)* besonders dann nicht empfehlen, wenn die Ergebnisse mit bzw. ohne Klammer nicht zusammenpassen: Das Genus der einen nicht eingeklammerten Form (des unbestimmten Artikels *eine* = Femininum) stimmt hier nicht mit dem Genus der anderen nicht eingeklammerten Form (des Substantivs *Lehrer* = Maskulinum) überein – hier kann man also nicht beide Klammern weglassen (denn das Ergebnis wäre fälschlicherweise *eine Lehrer*). Nur durch eine Doppelnennung lässt sich dieses Problem vermeiden:

nicht üblich	sinnvoll
Wir suchen eine(n) Lehrer(in).	*Wir suchen eine Lehrerin oder einen Lehrer.*
	Wir suchen eine Lehrerin / einen Lehrer.

Genauso kann es beim Schrägstrich störend wirken, wenn die Varianten nicht parallel gelten, also im folgenden Beispiel die jeweiligen Varianten vor dem Schrägstrich beim Artikel *(eine)* und beim Adjektiv *(erfahrene)* nicht zu der Variante vor dem Schrägstrich beim Substantiv *(Webdesigner)* passen:

nicht üblich	**sinnvoll**
Wir suchen eine/-n erfahrene/-n Webdesigner/-in.	*Wir suchen eine erfahrene Webdesignerin / einen erfahrenen Webdesigner.*

Eine weitere Möglichkeit, zwei ausgeschriebene Singularformen zu vermeiden, besteht darin, den bestimmten Artikel abzukürzen. Das aber gelingt nur dann, wenn das Bezugswort (wie im folgenden Beispiel *des* oder *der **Erziehungsberechtigten***) in maskuliner und femininer Form gleich bleibt, etwa bei substantivierten Adjektiven und Partizipien (dazu mehr unter Punkt 3 bei den Ersatzformen).

sinnvoll	**nicht üblich**
Unterschrift d. Erziehungsberech-tigten (für: der oder des).	*d. Lesers / Leserin (für: des Lesers / der Leserin)*

→ *Gendern in Leichter Sprache*

Leichte Sprache ist eine vereinfachte Form des Deutschen, die sich u. a. an Menschen mit kognitiven Einschränkungen und funktionale Analphabeten richtet. Das höchste Ziel von Texten in Leichter Sprache ist gute Verständlichkeit. Gerade durchgängige Doppelnennungen (»Kraft·fahr·zeug-Mechatronikerinnen und Kraft·fahr·zeug-Mechatroniker«) erhöhen aber die Komplexität von Texten oft ganz erheblich; Klammerschreibungen oder das Binnen-I setzen ein Wissen über Konventionen voraus, über das nicht alle Adressatinnen und Adressaten verfügen. Die Regelwerke kommen zu unterschiedlichen Lösungen. Wir selbst raten dazu, auf das Gendern überall dort zu verzichten, wo es die Verständlichkeit des Texts beeinträchtigt. Ein Hinweis zu Beginn des Textes, dass Frauen immer mitgemeint sind, kann hier das Mittel der Wahl sein. Bei der Adressierung zu Beginn eines Textes sind Doppelnennungen (»Liebe Leserin, lieber Leser«) dagegen gut verständlich und im Sinne geschlechtergerechten Sprachgebrauchs sinnvoll.

Prof. Dr. Ursula Bredel / Prof. Dr. Christiane Maaß, Universität Hildesheim

Konkrete Probleme bei Sparformen im Plural

Wie im vorangegangenen Abschnitt aus den Beispielen zu Sparformen im Singular ersichtlich wurde, sind diese oft nicht unproblematisch, und es ist viel einfacher, Sparformen im Plural zu verwenden. Daher kommen verkürzte Doppelnennungen üblicherweise im Plural vor, da hier in allen Kasus Artikel, abhängige Adjektive und Pronomen die gleichen Endungen haben und daher grammatische Probleme kaum auftauchen.

> *Die Mitarbeiter/-innen werden gebeten, pünktlich zu erscheinen.*

Lediglich in manchen Fällen kommt es zu Schwierigkeiten, wenn man die amtlichen Rechtschreibregeln in Bezug auf den Ergänzungsbindestrich und den Schrägstrich beachtet. Wir wollen das noch einmal etwas näher am Beispiel *Kolleginnen* betrachten: Wenn die maskuline Form eine Endung (*Kolleg-e*) hat, die bei der Bildung der femininen Form nicht auftaucht (*Kolleg-in*), wird der Plural ebenfalls anders gebildet: Die feminine Pluralendung sieht nicht so aus, wie einfach an die maskuline angehängt (wie es bei *Mitarbeiter/-innen* der Fall ist), sondern tritt an den verkürzten Stamm (*Kolleg-innen*). Daher kann man die Doppelform hier nicht so einfach verkürzen wie *Mitarbeiter/Mitarbeiterinnen*, denn wenn man sich im Rahmen der amtlichen Rechtschreibung bewegen möchte, sähe das – wenn überhaupt – so aus:

> *Mitarbeiter/Mitarbeiterinnen* → *Mitarbeiter/-innen*
> *Kollegen/Kolleginnen*   → *Kolleg-/-inn-/-en*

Zur Vereinfachung finden sich in der Praxis häufig Kurzformen wie *Kolleg/innen* oder sogar *Kollegen/innen*, die sowohl aus orthografischer als auch aus stilistischer Perspektive als problematisch empfunden werden können und nicht von den offiziellen Regeln abgedeckt sind.

nicht üblich	**nicht amtlich**
Kolleg-/-inn-/-en	*Kolleg/innen*
	KollegInnen
	*Kolleg*innen*
	Kolleg_innen

Wer diese Formen konsequent vermeiden möchte, ohne auf sprachkreative, nicht von den amtlichen Orthografieregeln gedeckte Lösungen wie *KollegInnen*, *Kolleg*innen* oder *Kolleg_innen* zurückzugreifen, greift dann in der Regel doch auf die ausführliche Doppelnennung zurück.

Aber auch wenn die feminine Pluralform ausgehend von der maskulinen Pluralform einfach durch Anhängen von *-innen* gebildet wird *(Mitarbeiter – Mitarbeiterinnen, Lehrer – Lehrerinnen)*, kann es zu Schwierigkeiten kommen, denn hier sind zwar Kurzformen wie die *Mitarbeiter/-innen* möglich – im Dativ Plural allerdings treten die gleichen Schwierigkeiten wie eben beschrieben auf: Die Flexionsendung »n« des Maskulinums *den Mitarbeitern* verschwindet *(den Mitarbeiter/-innen)* oder müsste am Ende in der femininen Flexionsendung *-innen* kenntlich gemacht werden, wie es nicht üblich ist: *(den Mitarbeiter-/-inne-/-n)*.

Was können Sie also tun? Am besten begeben Sie sich auf die Suche nach anderen Lösungen! Wählen Sie sogenannte Ersatzformen, um an den geeigneten Stellen neue Formulierungen anzubringen. Im nächsten Abschnitt zeigen wir Ihnen verschiedene Strategien, welche Möglichkeiten es gibt und wie Sie solche Ersatzformen finden können.

Werden Sie kreativ: Wenn Sie zum Beispiel aus stilistischen Gründen die Paarformel *Mitarbeiterinnen und Mitarbeiter*, aber auch Sparformen nicht zu häufig wiederholen wollen, können Sie je nach Kontext alternative Ausdrücke wie *Belegschaft* oder *Kollegium* verwenden.

→ 3.3 Ersatzformen und Umformulierungen

Wie im Tipp oben schon angedeutet, ist es oft am sinnvollsten, ganz andere, synonyme Ausdrücke zu finden. Inzwischen sind verschiedene Arten von Ersatzformen sehr üblich geworden; sie können helfen, Doppelnennungen und unschön aussehende Schrägstrichlösungen zu umgehen. Außerdem wird mit ihnen die Festlegung auf genau *zwei* Geschlechter vermieden, sodass sie auch dem Wunsch nach der Berücksichtigung verschiedener Geschlechtsidentitäten gerecht werden. Es gibt mehrere Möglichkeiten, nach geeigneten Alternativen zu suchen, die wir Ihnen im Folgenden vorstellen möchten.

Substantivierte Partizipien oder Adjektive

Im Plural bietet sich häufig die Verwendung von substantivierten Partizipien und Adjektiven an, die gleichermaßen männliche wie weibliche Personen bezeichnen.

Hier gibt es drei Möglichkeiten – wählen Sie im Bedarfsfall diejenige, die zu dem Wort, das ersetzt werden soll, am besten passt:

- substantivierte Formen des Partizips I:

  Studierende, Lernende, Lehrende;
  die Studierenden, die Lernenden, die Lehrenden

- substantivierte Formen des Partizips II:

  Gewählte, Verwitwete, Abgeordnete;
  die Gewählten, die Verwitweten, die Abgeordneten

- substantivierte Formen des Adjektivs:

  Gesunde, Große, Ältere, Jugendliche;
  die Gesunden, die Großen, die Älteren, die Jugendlichen

Bei Personenbezeichnungen im Plural, die substantivierte Adjektive oder Partizipien sind, erspart man sich die Unterscheidung eines Genus: Diese Wortarten bezeichnen das Genus nur mit Artikelwörtern, und diese sind im Plural für alle Genera gleich. Damit ist im Plural das grammatische Genus automatisch neutralisiert und die Personenbezeichnungen sind damit genderneutral.

In den folgenden Tabellen sehen Sie, dass substantivierte Partizipien oder Adjektive schon im Singular nach dem bestimmten Artikel für männliche und weibliche Personen die gleiche Form haben *(der/die Studierende)*. Im Plural kommt der Vorteil hinzu, dass auch der Artikel identisch ist *(die Studierenden)*.

Doppelform	Partizip I Singular	Partizip I Plural
der Student / die Studentin	*der/die Studierende*	*die Studierenden*
der Lerner / die Lernerin	*der/die Lernende*	*die Lernenden*
der Lehrer / die Lehrerin	*der/die Lehrende*	*die Lehrenden*

Doppelform	Partizip II Singular	Partizip II Plural
der Witwer / die Witwe	*der/die Verwitwete*	*die Verwitweten*
der Chef / die Chefin	*der/die Vorgesetzte*	*die Vorgesetzten*
der Arbeiter / die Arbeiterin	*der/die Beschäftigte*	*die Beschäftigten*

Doppelform	Adjektiv Singular	Adjektiv Plural
der Patient / die Patientin	*der/die Kranke*	*die Kranken*
der Verlierer / die Verliererin	*der/die Letzte*	*die Letzten*
der Schüler / die Schülerin	*der/die Jugendliche*	*die Jugendlichen*

Ab und an wird der Einwand vorgebracht, dass substantivierte Formen des Partizips I nicht als vollwertiger Ersatz für andere Formen wie »generische Maskulina« verwendet werden könnten. Denn sie hätten eine andere Implikation, beschrieben etwa nur Personen, die die entsprechende Tätigkeit in einem bestimmten Moment gerade ausführten. So sei der Ausdruck *Studierende* nur für eine Person korrekt, die tatsächlich gerade lerne. Das stimmt so natürlich nicht, wie uns viele Beispiele zeigen.

Vorsitzende eines Vereins sind dies beispielsweise grundsätzlich während der gesamten Zeit, für die sie gewählt sind; *Hungernde* können auch zwischendurch einmal halbwegs gesättigt sein; *Reisende* können sich zeitweise an einer Stelle aufhalten – und *Studierende* sind eben auch Studierende, wenn sie gerade im Kino sind oder schlafen, weil sie grundsätzlich studieren. Es macht also einen Unterschied, was genau das entsprechende Verb bedeutet, denn genauso wie ein Partizip I eine im Verlauf befindliche Tätigkeit ausdrücken kann, ist es möglich, mit diesem Partizip einen andauernden Zustand, eine inhärente Eigenschaft zu beschreiben:

Fliegende Fische, fahrendes Volk, stotternde Kinder

Fliegende Fische sind nicht ständig am Fliegen, *fahrendes* Volk blieb immer auch zeitweise an einem Ort und ein *stotterndes* Kind kann auch mal nichts sagen oder einen flüssigen Satz äußern. Das Partizip I ist genauso wie ein Adjektiv in der Lage, ein Substantiv als sein Bezugswort zu beschreiben, und kann genauso wie ein Adjektiv substantiviert werden – mit dem Ergebnis, dass zwei unterschiedliche Lesarten möglich sind: *Studierende* sind 1. Personen, die im Augenblick etwas intensiv lernen (also studieren) oder 2. Personen, die an einer Hochschule einge-schrieben sind. Das »Digitale Wörterbuch der deutschen Sprache« (DWDS) nennt als Definition sogar ausschließlich die allgemeine Bedeutung: »jmd., der an einer Hochschule studiert«.

Sachbezeichnung

Eine andere Möglichkeit, Ersatzformen zu finden, ist es, statt der Personenbezeich-nung ein Abstraktum zu verwenden:

> *Leiterin oder Leiter*　　　　→ *Leitung*
> *Professorin oder Professor*　→ *Professur*

Das bietet sich tatsächlich in vielen Fällen an und kann eine sehr elegante Alter-native sein, um umständliche Doppelformen zu vermeiden. Allerdings sollten Sie aufpassen, dass Ihre Texte dann nicht zu unpersönlich werden, besonders wenn Sie eine direkte Ansprache bestimmter Personen im Sinn haben.

Besser nicht	Stattdessen mal so
Informant	*Quelle*
Herrscher	*Staatsoberhaupt*
Journalisten	*Presse*
Kollegen	*Kollegium*

Das kann im Übrigen auch im Satzkontext funktionieren (darauf gehen wir im 4. Kapitel näher ein), wenn Sie etwa folgendermaßen neu formulieren:

> *Messebesucher links abbiegen.* → *Zur Messe links abbiegen.*

!

Sachbezeichnungen sind oft eine sehr gute Möglichkeit, geschlechtsspezifische Ausdrücke zu vermeiden. Sie bergen aber die Gefahr, dass Texte recht unpersönlich wirken, da der Aspekt des Handelns in den Hintergrund tritt.

Geschlechtsneutrale Ausdrücke

Sehr gut als Ersatzformen eignen sich natürlich geschlechtsneutrale Personenbezeichnungen, die geschlechtsindifferenten Substantive (vgl. unsere Ausführungen zum semantischen Geschlecht auf S. 18 ff.). In diese Kategorie fassen wir alle Wörter, deren grammatisches Geschlecht (Genus) nicht notwendigerweise mit dem natürlichen Geschlecht (Sexus) übereinstimmt und die automatisch beide Geschlechter bezeichnen, bei denen mithin keine Ableitungen (Movierungen) möglich sind. Solche Wörter können im Singular und im Plural verwendet werden und meinen immer sowohl weibliche als auch männliche Bezugspersonen.

- **Genus Maskulinum:**

  der Mensch, der Fan, der Gast

- **Genus Femininum:**

  die Person, die (z. B. Hilfs-)Kraft, die Geisel

- **Genus Neutrum:**

  das Mitglied, das Opfer, das Gegenüber

Besser nicht	Stattdessen mal so
die Anhänger	*die Fans*
die Teilnehmer	*die Gäste*
die Helfer	*die Hilfskräfte*
mein Kontrahent	*mein Gegenüber*

Solche geschlechtsindifferenten Substantive haben den großen Vorteil, dass sie nicht so unpersönlich wirken wie Sachbezeichnungen, da sie immer einen konkreten Personenbezug aufweisen. Außerdem sind sie standardsprachlich markiert – anders als etwa Kurzwörter, die wir Ihnen jetzt vorstellen.

Kurzwörter

Eine noch wenig genutzte Alternative besteht in der Bildung von Kurzwörtern. Denn viele Kurzwörter haben den Vorteil, dass sie sowohl für feminine als auch für maskuline Langformen gelten, sodass sie eingesetzt werden können, um Doppelformen oder Sparschreibungen zu vermeiden. Diese Möglichkeit können Sie mit verschiedenen Arten von Kurzwörtern ausprobieren: Es funktioniert mit Silbenkurzwörtern genauso gut wie mit Buchstabenkurzwörtern und anderen Formen. Allerdings bietet sich diese Möglichkeit nur in nicht allzu formalen Texten an, denn viele Kurzwörter sind umgangssprachlich markiert und nicht in allen Kontexten willkommen.

Langform	Kurzwort	Art des Kurzworts
der/die Hilfswissenschaftler/-in	*der/die Hiwi*	*Silbenkurzwort*
der/die Professor/-in	*der/die Prof*	*Kopfwort*
der/die Student/-in	*der/die Studi*	*Kurzwort mit i-Suffix*
der/die Oberbürgermeister/-in	*der/die OB*	*Buchstabenkurzwort*
Schülerinnen und Schüler	*die SuS*	*Buchstabenkurzwort*

Sie sehen, dass die Endungen, die die ursprünglichen langen Bezeichnungen als maskuline bzw. feminine Ausdrücke gekennzeichnet haben, beim Kürzungsprozess, also der Kurzwortbildung, getilgt worden sind, sodass die Kurzform sowohl für die maskuline als auch für die feminine Langform gilt.

Kurzwörter sind eine sehr gute Möglichkeit, geschlechtsspezifische Ausdrücke zu vermeiden. Allerdings kommt es ganz auf die Textsorte an, ob sie kommunikativ angemessen erscheinen. Oft sind Kurzformen eher umgangssprachlich geprägt und werden daher nur in bestimmten Kontexten verwendet.

Direkte Anrede

Eine weitere Möglichkeit der Umformulierung besteht darin, dass Sie die Adressaten und Adressatinnen Ihres Textes direkt ansprechen. Das ist in vielen formalen Kontexten eine sehr gute Lösung, wenn es unerheblich ist, ob nun eine Frau oder ein Mann angesprochen wird (vgl. hierzu auch die Ausführungen zu definiter spezifischer Referenz auf S. 73 f.). Zudem ist es hier anders als häufig sonst beim Gendern: Die geschlechtergerechte Formulierung mithilfe der direkten Anrede ist oft kürzer als die mit »generischem Maskulinum«. Sie können mit der direkten Anrede viele Texte also im wahrsten Sinne des Wortes »ansprechender« gestalten.

Besser nicht	Stattdessen mal so
Der Antragsteller muss das Formular unterschreiben.	*Bitte unterschreiben Sie das Formular.*
Besucher werden gebeten, ihre Taschen einzuschließen.	*Bitte schließen Sie Ihre Taschen ein.*
Unterschrift des Steuerpflichtigen:	*Ihre Unterschrift:*
Antragsteller werden benachrichtigt.	*Sie werden benachrichtigt.*

Umformulierung mithilfe des Adjektivs

Auch das ist eine Art der Umformulierung: Verwenden Sie statt der maskulinen oder femininen Form ein Adjektiv. Besonders wenn die maskulinen Formen in der Funktion eines Attributs auftauchen *(Rat **des Arztes**)*, ist das Ersetzen durch ein Adjektivattribut oft nicht schwer – außerdem kann auch ein Partizip in der adjektivischen Funktion eines Attributs stehen (wie in den Beispielen *herausgegeben* und *verfasst*).

Wie Sie in der folgenden Tabelle sehen, kann das eine kreative Lösung sein. Sie funktioniert allerdings in vielen Fällen nicht, sodass Sie Fantasie aufbringen müssen, um passende Ersatzformulierungen zu finden. Wir können hierfür besonders in diesem Abschnitt keine Patentlösungen bieten, denn in der Regel werden Sie Umformulierungen je nach Gegebenheit und Textsorte vornehmen. Es hängt also stark vom Kontext ab, welche Art des gendergerechten Formulierens jeweils am besten passt. Auf diese Fragen gehen wir im vierten Kapitel zu Satz und Text noch ausführlicher ein.

Besser nicht	Stattdessen mal so
Rat des Arztes	*ärztlicher Rat*
Arztgeheimnis	*ärztliche Schweigepflicht*
Rat eines Fachmanns	*fachkundiger Rat*
Hilfe eines Fachmanns	*fachliche Hilfe*
Fragen Sie Ihren Arzt oder Apotheker.	*Holen Sie sich ärztlichen oder pharmazeutischen Rat.*
Kritiker	*kritische Stimmen*
Nachwuchswissenschaftler	*wissenschaftlicher Nachwuchs*
Herausgeber	*herausgegeben von*
Verfasser	*verfasst von*

Umschreibungen mit dem Passiv oder mit *wir*

Gelegentlich kann es sich anbieten, das Passiv und unpersönliche Konstruktionen oder das allumfassende *wir* zu nutzen — allerdings muss klar sein, an wen sich die Äußerung richtet, da sich das Subjekt ja ändert:

Besser nicht	Stattdessen mal so
Mitarbeiter müssen Folgendes beachten.	*Es muss Folgendes beachtet werden.*
	Man muss Folgendes beachten.
	Wir müssen Folgendes beachten.

man/frau

Der Gebrauch des unbestimmten Pronomens *man* wird wegen seiner etymologischen Nähe zum Substantiv *Mann* und der lautlichen Übereinstimmung mit diesem Wort gelegentlich als unangemessen kritisiert. Die vor Jahren entsprechend neu gebildete Alternative *frau* ist jedoch auch nicht geschlechtsneutral, sondern wird im Allgemeinen nur (und oft scherzhaft) im Sinne von »die Frauen« verwendet. Als Ersatz für beide Formen bieten sich ebenfalls das Passiv und *wir* an:

Man sollte … → *Es sollte … / Wir sollten …*

Grundsätzlich ist es aber so, dass das Pronomen *man* schon im Althochdeutschen und Mittelhochdeutschen die allgemeine Bedeutung ›irgendeiner, jeder beliebige (Mensch)‹ hatte – wie übrigens auch das französische *on*.

→ *Eine geschlechtergerechte Sprache im Journalismus und ein sensibler Umgang damit in den Redaktionen müssen sein, weil durch die Medien Rollenbilder transportiert werden, die den gesellschaftlichen Diskurs beeinflussen. Allerdings muss dabei abgewogen werden, in welcher Form beide (oder mehr) Geschlechter berücksichtigt werden. Der Platz ist in journalistischen Formaten oft begrenzt, weshalb ein »Bürgerinnen und Bürger« in Konkurrenz steht zu anderen Informationen. Auch was die Verständlichkeit angeht, ist ein gegenderter Text ein Zugeständnis: Muss das Gehirn erst mühsam entziffern, wie geschlechtsbezogene Kennzeichnungen und Bezüge gemeint sind, fehlt Aufmerksamkeit für andere Inhalte.*

Kathrin Konyen, Freie Journalistin,
Stv. Vorsitzende Deutscher Journalisten-Verband

Bildung von Relativsätzen

Eine ganz andere Lösung liegt in der Bildung von Relativsätzen. Diese benötigen zwar mehr Platz, können aber auflockernd wirken und bieten sich als stilistische Abwechslung an.

Besser nicht	Stattdessen mal so
Alle Teilnehmer …	*Alle, die teilnahmen …*
Antragsteller …	*Personen, die einen Antrag stellen …*
Akademiker …	*Wer studiert hat …*
Die Autoren …	*Die(jenigen), die das Buch geschrieben haben …*

Im Sinne des geschlechtergerechten Sprachgebrauchs funktioniert das natürlich nur, wenn Sie bei der Wiederaufnahme nicht doch ein maskulines Pronomen verwenden – aber das ist bei Relativsätzen auch gar nicht nötig. Wenn also das (geschlechtsneutrale) Relativpronomen *wer* den Relativsatz einleitet, kann der übergeordnete Satz ohne Pronomen beginnen (vgl. Tippkasten).

Vermeidung des Pronomens *der*

Wenn Sie zum Beispiel einen Satz wie *Mörder werden bestraft* umformulieren möchten, sollten Sie **nicht** neu formulieren: *Wer einen Mord begeht, **der** wird bestraft*, sondern gleich ohne Pronomen:

> *Mörder werden bestraft* → *Wer einen Mord begeht, wird bestraft*

Die Umformulierung mithilfe von Relativsätzen greift stark in den Text ein und geht bereits in Richtung Satzebene. Auf weitere Probleme, die sich im Satzkontext zum Beispiel bei der pronominalen Wiederaufnahme (also aus dem Bezug auf vorher Gesagtes mithilfe eines Pronomens) und anderen Anschlüssen im Satz ergeben können, gehen wir im nächsten Kapitel näher ein. Das betrifft dann auch Fragen der Kongruenz, also der syntaktischen Übereinstimmung im Genus.

Fazit und Beispiele

Umformulierungen sind meist das beste Mittel, einen Text geschlechtergerecht zu gestalten; allerdings verlangen sie auch die größte Kreativität. Wie wir Ihnen in den vorangegangenen Abschnitten gezeigt haben, können Sie frei entscheiden, in welcher Weise Sie umformulieren möchten – ob durch schlichte Ersetzung mit neutralen Ausdrücken oder mit neuen Satzstrukturen.

Abschließend möchten wir Ihnen noch ein paar Beispiele an die Hand geben, damit Sie sehen, welche Möglichkeiten sich nicht nur theoretisch, sondern auch im konkreten Einzelfall bieten:

Besser nicht	Stattdessen mal so
Wir suchen Mitarbeiter mit Erfahrung.	*Wir suchen Mitarbeiterinnen oder Mitarbeiter mit Erfahrung.*
	Wir suchen kreative Köpfe mit Erfahrung.
	Ihre Erfahrung ist das, was wir suchen.
	Wer Erfahrung hat, meldet sich bitte bei uns.
	Wenn Sie Erfahrung haben, melden Sie sich bitte bei uns.
	Sie haben Erfahrung? Melden Sie sich!
	Erfahrung ist Voraussetzung für die Stelle.

Besser nicht	Stattdessen mal so
Der Antragsteller muss das Formular unterschreiben.	*Der Antragsteller / Die Antragstellerin muss das Formular unterschreiben.*
	Der/Die Antragsteller/-in muss das Formular unterschreiben.
	Wenn Sie den Antrag stellen, müssen Sie das Formular unterschreiben.
	Wer den Antrag stellt, muss das Formular unterschreiben.
	Bitte unterschreiben Sie das Formular.
	Das Formular muss unterschrieben werden.
	Das Formular ist zu unterschreiben.

Besser nicht	Stattdessen mal so
Nutzer müssen beachten, dass ...	*Es muss beachtet werden, dass ...*
	Es ist zu beachten, dass ...
	Wir sollten beachten ...
	Wenn wir x nutzen, sollten wir beachten ...
	Wer diese Einrichtung nutzt, muss beachten, dass ...
	Die Nutzung dieser Einrichtung erfordert ...
	Bei Nutzung dieser Einrichtung ist zu beachten, dass ...
	Die Beachtung von ... ist wichtig.

Geschlechtergerechte Stellenausschreibungen

Neutrale, nicht an ein Geschlecht gebundene Stellenausschreibungen lassen sich auf verschiedene Arten gestalten. Vor allem bei englischen Berufsbezeichnungen, bei denen im Deutschen oft keine feminine Form zur Verfügung steht, wird häufig eine **sexusbezogene Klammer** hinzugefügt: *[m/w]* für ›männlich/weiblich‹ oder *[m/f]* für die englische Entsprechung ›male/female‹. Damit soll zum Ausdruck gebracht werden, dass die Stellenbezeichnung nur die Funktion ausdrücken soll und dass die Stelle sowohl für männliche als auch für weibliche Personen ausgeschrieben ist. Besonders häufig findet sich diese Klammer also nach Fremdwörtern wie *Consultant, Engineer, Leader* oder *Specialist,* weil es schwierig ist, diese Berufsbezeichnungen in anderer Weise explizit maskulin und feminin zu formulieren.

> *Wir suchen zum 1. Oktober 2017 einen Senior Consultant [m/w], der/die …*

Aus ökonomischen Gründen wird der Klammerzusatz *[m/w]* heute allerdings oft auch für Positionen wie *Manager, Leiter, Sprecher* verwendet.

Sie können kann aber auch anders verfahren, zum Beispiel mit den **Alternativen**, die wir bisher beschrieben haben:

> *Zum 1. Oktober 2017 ist die Stelle einer Abteilungsleiterin / eines Abteilungsleiters neu zu besetzen. Ihr / Sein Organisations- und Verkaufstalent …*
> *Referent/-in zum 1. Oktober 2017 gesucht, der / die …*

Hier müssen Sie besonders auf die formale Abstimmung der zusammengehörenden Teile achten, denn auch bei der Sparschreibung muss noch alles »passen«. Nicht korrekt wegen der fehlenden Übereinstimmung zwischen *einen* und *Redakteurin* wäre zum Beispiel: *Wir suchen zum nächstmöglichen Termin einen Redakteur(in).* Ebenfalls nicht unproblematisch: *Wir suchen zum nächstmöglichen Termin eine[n] Redakteur[in],* weil die Formen nicht übereinstimmen, wenn die Klammern weggelassen werden *[*eine Redakteur].*

Außerdem können Sie natürlich gut **neutral** formulieren:

> *Praktikum zu vergeben ab 1. Oktober 2017*

→ 3.4 Ableitungen und Zusammensetzungen

Wir kommen zu einem der schwierigsten Bereiche des Genderns auf der Wortebene: den schon lange eingeführten Wortbildungen, deren Stamm bzw. Erstglied formgleich mit einem »generischen Maskulinum« ist wie **Ärzte**schaft oder **Bürger**steig. Zunehmend wird auch an solchen Formen Anstoß genommen. Was machen wir also mit dieser Art von Derivationen (Ableitungen) und Komposita (Zusammensetzungen)? Sollen auch sie gendergerecht umformuliert werden?

Nicht immer sind in diesen Fällen Wortbildungen mit femininen Stämmen möglich, nicht immer sind sie sinnvoll. An anderen Stellen jedoch sind sie wünschenswert und es ist wichtig, Alternativen zu finden (auch weil sich sonst zum Beispiel Stereotype weiter verfestigen können, vgl. unsere Ausführungen dazu im zweiten Kapitel).

Wir differenzieren daher im Folgenden danach, ob Ableitungen und Zusammensetzungen auf einer (variablen) Skala sich eher auf Abstrakta und Dinge beziehen (wie *Bürgersteig*) oder auf Gruppen von Personen (wie *Ärzteschaft*). Je nachdem, wie stark der Bezug auf reale Personen ist, ist das Gendern der Formulierungen geboten oder nicht so wichtig bzw. nicht sinnvoll (etwa bei *freundlich*). Im vierten Kapitel gehen wir hierauf nochmals intensiver ein, da hier verstärkt auch textuelle Strukturen beachtet werden müssen (vgl. S. 86–88).

Lexikalisierte Formen

Bei vielen weitgehend lexikalisierten (also schon so in den Wörterbüchern zu findenden und historisch gewachsenen) Formen sind »feminine« Pendants meist nicht sinnvoll. Hierzu zählen besonders Adjektive und auch Verben:

freund-lich, künstler-isch, jurist-isch
schriftsteller-n

Problematischer wird es bei den Ableitungen (etwa mit *-schaft* oder *-tum*) und Zusammensetzungen, die zwar Dinge bezeichnen, sich aber (auch) auf weibliche Personen beziehen:

Präsidentschaft, Lehrerschaft, Königtum
Kanzleramt, Lehrerzimmer

Bei solchen Formen kann es durchaus sinnvoll sein, sie auch mit femininem Stamm zu bilden, und zwar besonders wenn sie sich konkret auf weibliche Personen beziehen:

Lehrerinnenschaft, Königinnentum

In diesem Zusammenhang war etwa die Bildung *Kanzlerinnenamt* (sowohl in Bezug auf das Gebäude als auch in Bezug auf die Stelle) schon häufig in der Diskussion, seit in Deutschland mit Angela Merkel erstmals eine Frau in diese Position gewählt wurde. Immerhin ist auch *Bundeskanzlerin* erst seitdem ein wirklich eingeführter Terminus (und wurde damit auch zum Wort des Jahres 2005). Wenn konkret von der Position einer Amtsinhaberin die Rede ist, können Sie also durchaus auch vom *Kanzlerinnenamt* sprechen, wenn dieses Amt mit einer Frau besetzt ist. So wurde in einer Pressemitteilung der Universität Mannheim (9. Februar 2017) selbstverständlich vom *Kanzlerinnenamt* geschrieben, als zu Beginn des Jahres 2017 die neue Kanzlerin der Universität die alte ablöste:

Feierliche Übergabe des Kanzlerinnenamts

Grundsätzlich sollte immer eine Überlegung im Vordergrund stehen: Wie sehr steht in solchen Bildungen die Person, die im Bestimmungswort der Derivation (**Lehrer***schaft*) bzw. des Kompositums (**Lehrer***zimmer*) genannt ist, im (gedanklichen) Mittelpunkt? Vermutlich haben Sie bei *Lehrerschaft* eher die damit bezeichneten Personen im Kopf als beim *Lehrerzimmer,* das natürlich zunächst auch tatsächlich das Zimmer bezeichnet – oder denken Sie doch mehr an die Personen, die es nutzen? Ein schwieriges Abwägen, das wir Ihnen leider nicht abnehmen können.

Beachten Sie hierzu besonders unsere Skala der Genderrelevanz auf S. 89, um ein paar zusätzliche Anhaltspunkte zu erhalten.

Konkreter Sachbezug

Bei Zusammensetzungen, die sich nicht auf Personen, sondern auf Dinge/ Gegenstände beziehen, werden die Personenbezeichnungen als erste Teile der Komposita häufig nicht gegendert. Oft finden wir hier auch Fachtermini.

Bürgersteig, Lehrerzimmer, Maurerkelle, Fleischermesser

Es spricht natürlich nichts gegen das Gendern, solange Sie ansprechende Lösungen finden:

Üblich	Nicht sinnvoll	Ausweg
Bürgersteig	*Bürgerinnensteig*	**Gehweg**

Stärkerer Bezug auf Personen

Wenn sich die Komposita konkret auf Personen beziehen, ist es meistens sinnvoll, zumindest zu hinterfragen, ob nicht eine Umformulierung im Sinne des Genderns besser wäre. Häufig steht hier die Tätigkeit im Vordergrund (man spricht von Nomina agentis); Beispiele sind in den folgenden Komposita etwa *anfangen, benutzen* und *reden*:

> *Anfängerkurs, Benutzerordnung, Rednerpult*

Das gilt im Übrigen nicht nur für Substantive, sondern kann auch Adjektive betreffen:

> *leserfreundlich, benutzerfreundlich, anwenderorientiert*

Komposita mit femininen Erstgliedern sind in diesen Fällen natürlich prinzipiell möglich, allerdings in den meisten Zusammenhängen wenig üblich. Es sollte immer wieder eine wichtige Rolle spielen, ob konkret weibliche Personen gemeint sind oder ob es um abstrakte Begriffe geht.

Am besten prüfen Sie auch bei Zusammensetzungen, ob es zu dem Wortteil mit der maskulinen Form überhaupt eine feminine Form gibt und ob diese im konkreten Kontext vorstellbar und sinnvoll sein könnte. Dazu können Sie das Kompositum auch auflösen:

> *Anfängerkurs = Kurs für Anfänger (und Anfängerinnen!)*
> *Arztbesuch = Besuch bei einem Arzt (oder einer Ärztin!)*
> *Leserbrief = Brief eines Lesers (oder einer Leserin!)*

Statt *Arztbesuch, Leserbrief, Bürgerbewegung* usw. wurden daher etwa *Ärztin-besuch, Leserinnenbrief, Bürgerinnenbewegung* usw. vorgeschlagen; durchgesetzt haben sich diese Formen aber nicht.

Üblichere Lösungen sind dagegen Bildungen mit geschlechtsneutralem Bestimmungswort (*Redepult, Wahlverzeichnis*) oder anderen geschlechtergerechten Formulierungen. Hier bieten sich verschiedene der Strategien an, die wir in den vorherigen Abschnitten vorgestellt haben.

Die folgenden Beispiele sollen Ihnen Mut machen, eigene Ideen auszuprobieren. Sie können an diesen Beispielen auch sehen, worauf Sie gegebenenfalls achten müssen, um solche Zusammensetzungen überhaupt erst einmal zu erkennen.

Besser nicht	Stattdessen mal so
Anfängerkurs	*Grundkurs, Einstiegskurs*
Benutzerordnung	*Nutzungsordnung*
Beratertätigkeit	*Beratung*
Besuchergruppe	*Besuchsgruppe*
Dozententätigkeit	*Lehrtätigkeit*
Expertenwissen	*Fachwissen*
Konfirmandenunterricht	*Konfirmationsunterricht*
Pendlerpauschale	*Pendelpauschale*
Rednerpult	*Redepult*
Rednerliste	*Redeliste*
Raucherpause	*Zigarettenpause*
Teilnehmergebühr	*Teilnahmegebühr*
Wählerverzeichnis	*Wahlverzeichnis*
anwenderbezogen	*praxisbezogen*
benutzerfreundlich	*benutzungsfreundlich*
leserfreundlich	*lesefreundlich*

Ob solche Bildungen standardsprachlich fest werden, muss die weitere Sprachentwicklung zeigen. Kreativ werden können Sie in Ihren Texten auf jeden Fall immer, und viele solcher Bildungen finden sich heute ganz selbstverständlich in allen möglichen Kontexten und auch in den Wörterbüchern.

4 Richtig gendern in Satz und Text

Wir haben uns bisher auf bestimmte Wortformen und Wortgruppen zur Bezeichnung von Personen konzentriert und ihr Potenzial für gendergerechten Sprachgebrauch überprüft. Jedoch kommunizieren wir typischerweise nicht mittels isolierter Wörter oder Wortgruppen, sondern wir verwenden größere sprachliche Einheiten – Sätze, Äußerungen, Texte –, die in komplexe situative Umgebungen eingebettet sind. Daher kann Gendergerechtigkeit nicht allein durch Einzelformen (z. B. einzelne Personenbezeichnungen oder Wortgruppen) erreicht werden. Stattdessen müssen wir uns den sprachlichen Zusammenhang und die außersprachliche Situation vergegenwärtigen und die Frage nach dem richtigen Gendern von dieser übergeordneten Warte aus stellen. Das tun wir in diesem Kapitel. Wir kümmern uns um die Regeln und Bedingungen der **Vertextung** des »Inventars« an Wörtern und Wortgruppen, die wir in den letzten beiden Kapiteln besprochen haben. Bevor wir zur Analyse realer Texte kommen, müssen wir wieder – wie schon im zweiten Kapitel – einige sprachwissenschaftliche Grundüberlegungen anstellen.

→ 4.1 Theorie und Grundlagen

Kommunikativer Sinn entsteht im jeweils aktuellen sprachlichen und nichtsprachlichen Kontext, wobei die Absichten und Vorannahmen der Kommunizierenden und die mehr oder weniger stark institutionalisierten Rahmenbedingungen eine große Rolle spielen. Die möglichen Funktionen eines sprachlichen Kommunikationsereignisses sind im Prinzip unbegrenzt. Sie werden in der Sprachwissenschaft in verschiedenen Klassifikationssystemen – genannt »Redekonstellationen«, »Textsorten«, »Diskurstypen«, »Genres« usw. – erfasst. Wir begnügen uns mit einer kurzen Betrachtung der unverzichtbaren Grundfunktionen sprachlicher Kommunikation. Im Gefolge von Karl Bühler, der sie als Erster in seiner »Sprachtheorie« (1934/1999) dargestellt hat, unterscheiden wir drei Grundfunktionen:

- Die **Ausdrucksfunktion:** Die sprechende Person (Ich/»Ego«) stellt ihre Intentionen und ihre eigene Befindlichkeit im sprachlichen Ereignis dar. Relevante Fragen zum

Erkennen dieser Funktion sind: Wer spricht? Wie bzw. wodurch gibt diese Person sich zu erkennen? Welche Befindlichkeiten werden mitgeteilt? Was ist die kommunikative Absicht, d. h., was soll mit der Äußerung bewirkt werden? Wie deutlich ist diese Absicht zu erkennen?

- Die **Appellfunktion:** Die angesprochene Person (Du/»Alter Ego«) wird adressiert und es wird eine Handlungsaufforderung an sie zum Ausdruck gebracht. Relevante Fragen zum Erkennen dieser Funktion sind: Wer ist angesprochen? Wie erfolgt diese Ansprache? Zu welcher Art von Handlung wird durch die sprachliche Äußerung aufgefordert? (Mögliche Handlungen sind z. B. zustimmen, antworten, eine bestimmte nicht sprachliche Handlung ausführen).

- Die **Darstellungsfunktion:** Der Inhalt, die Dinge und Sachverhalte, um die es geht (die besprochene Welt), wird zum Ausdruck gebracht. Relevante Fragen zum Erkennen dieser Funktion sind: Über wen oder was wird gesprochen? Was wird von dieser Person oder dieser Sache ausgesagt? Wie geschieht dies?

Kurz: Unabhängig von allen weiteren Details und Besonderheiten gilt für jede sprachliche Kommunikation: Wir sprechen **von uns ausgehend** (sprechendes Ego) **zu jemandem** (angesprochenes Alter Ego) **über bestimmte Dinge und Sachverhalte** in der Welt (Inhalt). Diese drei Komponenten sind in jedem Text, in jeder sprachlichen Kommunikation vorhanden. Allerdings unterscheiden sich die Anteile, die jede der drei Grundfunktionen jeweils einnimmt, erheblich. Dies zeigt sich in der sprachlichen Gestalt eines Textes.

Faktoren der Genderrelevanz

Sprachliche Einheiten jenseits von Wörtern und Wortgruppen sind hier Sätze (bzw. äquivalente Formen), Texte und Gespräche.

Sätze sind typische Bausteine von Texten und unterliegen in ihrer Struktur und der Art, wie satzinterne Beziehungen ausgedrückt werden, vollständig den Regeln der Grammatik. Sätze geben gedankliche Sinneinheiten wieder. Sätze können auch als von anderen Sätzen abhängige Einheiten vorkommen (d. h. als Nebensätze) und haben dann keine unabhängige kommunikative Funktion. Zur Beschreibung des Aufbaus von Sätzen benötigen wir grammatische Begriffe wie »Satzglied«, »Subjekt«,

»Prädikat«, »Prädikativ«, »Objekt« und noch einige mehr, die wir jeweils an den entsprechenden Stellen (ohne lange grammatische Erklärungen) einführen.

Texte, also monologisch geschriebene sprachliche Äußerungen, und Gespräche, dialogisch gesprochene Äußerungen, folgen übergeordneten Bauregeln, die sich nicht mehr mit den Regeln der Satzgrammatik erschließen lassen. Ihre Struktureigenschaften und ihre kommunikative Funktion sind von der jeweiligen außersprachlichen Situation bestimmt.

So spielt es eine entscheidende Rolle für alle Ebenen der sprachlichen Gestaltung, ob das aktuelle Kommunikationsereignis in einer mündlich-dialogischen Situation stattfindet oder ob schriftlich-monologische Kommunikation vorliegt. In beiden Fällen macht es einen großen Unterschied, ob zwischen den Kommunizierenden situative und persönliche Nähe oder Distanz vorliegt. Diese und etliche weitere Faktoren prägen die Gestalt von Texten und Gesprächen maßgeblich.

Wir werden uns im Folgenden auf Texte, d. h. schriftlich-monologische Sprachereignisse, beschränken. Beispiele für solche Texte sind: ein amtliches Schreiben an Einzelpersonen, ein Rundschreiben an Mitglieder einer Organisation, Verbrauchertipps in einer Zeitschrift oder auch online, Hinweiszettel an einer Pinnwand in einem Café usw.

Zunächst werfen wir einen Blick auf diejenigen **Verhältnisse im Satz bzw. zwischen benachbarten Sätzen**, die für richtiges Gendern wichtig sind.

Wir schlagen ein Modell vor, das die Frage der Gendergerechtigkeit anhand des **Zusammenwirkens mehrerer sprachlicher Faktoren** bemisst. Wir unterscheiden folgende Faktoren:

1. Referenztyp
2. Syntaktische Funktion
3. Textuelle Funktion (Wiederaufnahme, Kohäsion)
4. Wortstatus

Diese werden wir in den nächsten Abschnitten ausführlich besprechen.

Für alle vier Faktoren gilt: Sie können jeweils unterschiedlich im Text realisiert sein, und die einzelnen Realisierungen sind für richtiges Gendern unterschiedlich wichtig. Es gibt Funktionen und Positionen im Text, die besonders sensibel für richtiges Gendern sind, und es gibt andere, die in diesem Punkt »unempfindlicher« sind. Anders formuliert: Nicht alle Ausprägungen aller Faktoren sind gleichermaßen wichtig, gleichermaßen relevant.

Skala der Genderrelevanz einer sprachlichen Einheit im Text:

Höchste Genderrelevanz ← **Hohe Genderrelevanz** ← **Mäßige Genderrelevanz**

Sprachliche Form 1   ←   Sprachliche Form 2   ←   Sprachliche Form 3

Im Folgenden besprechen wir die vier Faktoren und ihre verschiedenen Ausprägungen und ordnen sie in ihrer Relevanz jeweils auf der Skala ein.

→ *Referenztyp*

Unter **Referenz** verstehen wir die Bezugnahme auf Außersprachliches durch die Verwendung sprachlicher Ausdrücke. Es geht um die Personen, Dinge, Sachverhalte in der **außersprachlichen** Welt, auf die wir uns, indem wir sprechen, beziehen und auf die wir die anderen Personen hinweisen wollen. Referenz wird durch sprachliche Ausdrücke realisiert, ist jedoch nicht allein an den sprachlichen Ausdrücken ablesbar; relevant ist immer der weitere sprachliche und außersprachliche Kontext.

Es ist sehr wichtig, zu verstehen, dass Referenz (als eine pragmatische Kategorie) nicht gleichgesetzt werden darf mit der **Bedeutung** sprachlicher Ausdrücke (als innersprachlicher, linguistischer Kategorie), auch wenn beide zusammenhängen. Dies wird sofort klar, wenn wir bedenken, dass wir auf denselben außersprachlichen Gegenstand durch völlig unterschiedliche sprachliche Formen und Bedeutungen Bezug nehmen können. Wir können auf dieselbe Person in einer Situation entweder mit *das Kind* verweisen oder aber mit *der kleine Racker* (und mit einer offenen Zahl weiterer Ausdrücke). Wir können auf Johann Wolfgang von Goethe Bezug nehmen, indem wir vom *Autor des Faust* sprechen; wir können auch den Ausdruck *der deutsche Dichterfürst* verwenden (und auch hier eine prinzipiell unbegrenzte Zahl weiterer Ausdrücke).

Außerdem gibt es sprachliche Ausdrücke, die niemals auf ein außersprachliches Objekt bezogen werden können, die aber dennoch Bedeutung haben. Der Begriff *Einhorn*, mit dem ein Fabeltier gemeint ist, ist ein Beispiel dafür, dass sprachliche Inhalte nicht gleichzusetzen sind mit konkreten außersprachlichen Objekten (»Referenzobjekten«). Auch grammatische Wörter, wie die Konjunktion *obwohl* oder ein Adverb wie *nichtsdestotrotz*, haben Bedeutung, ohne ein außersprachliches Objekt zu bezeichnen.

Referenz (= pragmatische Kategorie) ist nicht gleichzusetzen mit der **Bedeutung** sprachlicher Ausdrücke (= innersprachliche, linguistische Kategorie), auch wenn beide zusammenhängen.

Wenn wir aber mit sprachlichen Ausdrücken auf konkrete außersprachliche Objekte referieren, dann können wir verschiedene **Typen der Referenz** unterscheiden, je nachdem, wie genau wir unser außersprachliches Objekt kennen und sozusagen »dingfest machen können«. Wir beschränken uns bei der Darstellung von Referenztypen auf eine sehr einfache Unterteilung, die Magnus Pettersson (2011) in dem Buch »Geschlechtsübergreifende Personenbezeichnungen. Eine Referenz- und Relevanzanalyse an Texten« in Kapitel 4.2.3.1 vorgeschlagen hat und die wir für unsere Zwecke noch einmal etwas vereinfachen: Wir unterscheiden die drei Referenztypen **spezifische Referenz, nichtspezifische Referenz** und **klassenbezogene Referenz:**

1. Spezifische Referenz ist die Bezugnahme auf ein konkret identifizierbares Referenzobjekt (oder mehrere solcher Objekte), wie in den folgenden Beispielen:

> *Susanne / unsere Dozentin ist in die Stadt gegangen.*
> *Susanne / unsere Dozentin und ihre beiden Hilfskräfte sind in die Stadt gegangen.*
> *Ich will morgen in die Stadt gehen.*
> *Der Postbote ist heute eine Stunde später gekommen.*

Die Referenzobjekte in diesen Beispielen sind nicht nur spezifisch, sondern auch allen an der Kommunikation Beteiligten bekannt. Dies wird durch die Eigennamen, durch die Nominalphrasen mit bestimmtem Artikel und durch Formen wie *ich* sprachlich zum Ausdruck gebracht. Wir können von **definiter spezifischer Referenz** sprechen.

Übrigens referieren alle Formen der ersten und zweiten Person (*ich, du* usw.) immer definit spezifisch: Es geht immer um diejenigen außersprachlichen Entitäten – Personen –, die direkt an der aktuellen Kommunikation teilnehmen. Diese Formen haben außerdem den Vorteil, dass sie geschlechtsindifferent sind.

Daher ein Tipp, den wir bereits in anderem Kontext im zweiten Kapitel gegeben haben:

Definit spezifische Referenz durch Bezug auf die jeweilige kommunikative Rolle / Dialogrolle – also die Verwendung von *ich, du, wir, ihr, Sie* usw. – neutralisiert die Unterscheidung nach Genderkategorien.

In vielen kommunikativen Situationen ist dies ein großer Vorteil (vgl. S. 22 und 75 f.).

Es gibt auch den Fall der **indefiniten spezifischen Referenz:** Hier ist ein spezifisches Objekt bezeichnet, das aber nicht allen an der Kommunikation Beteiligten vorher bekannt war. Typisch ist hier die Verwendung des unbestimmten Artikels, wie in den folgenden Beispielen:

> *Dort drüben läuft **ein Postbote.***
> *Im Ratskeller sitzen **einige Leute** beim Mittagessen.*

2. Nichtspezifische Referenz stellt keinen Bezug zu bestimmten (spezifischen) Objekten her. Im Satz

> *Egal, wo ich bin: Jeden Tag läuft mir **ein Postbote** über den Weg.*

handelt es sich beim Referenzobjekt von *ein Postbote* nicht um eine spezifische Person, sondern um eine unbekannte Person oder – wahrscheinlicher – um verschiedene unbekannte Personen. Ähnlich auch in folgendem Satz:

> *Im Sommer sitzen **Leute** auf der Terrasse des Ratskellers.*

Die Nominalphrase *Leute* verweist hier nicht auf spezifische Personen, sondern auf eine nicht spezifizierte Menge.

3. Die **klassenbezogene Referenz** schließlich ist »die allgemeine Referenz auf eine Klasse oder Gattung insgesamt, nicht auf die einzelnen Mitglieder, Individuen der Klasse« (Pettersson 2011: 67). Beispiele hierfür sind:

> **Katzen** *fressen Mäuse.*
> **Hochbegabte** *sind sensibel.*
> **Das Einhorn / Ein Einhorn** *ist ein nachtaktives Tier.*

In sprachphilosophischen Debatten wird darüber diskutiert, ob dieser klassenbezogene Typus überhaupt als Referenz gelten kann. Denn es wird ja auf kein außersprachliches Objekt verwiesen – es wird etwas über definierende Merkmale einer Klasse ausgesagt, die rein begrifflich bestimmt ist. Selbst wenn es kein einziges Referenzobjekt dieser Klasse in der außersprachlichen Welt gibt, bleibt die Aussage sinnvoll:

> *Das Einhorn ist ein nachtaktives Tier. – Nur leider gibt es in unserer Welt keine Einhörner.*

Dieser Referenztyp wird meist »generische« Referenz genannt. Wir vermeiden dies und sprechen von klassenbezogener Referenz, um Verwechslungen mit dem Ausdruck »generisches Maskulinum« vorzubeugen.

Es dürfte inzwischen deutlich sein, wieso das Problem der Referenz direkt mit der Frage der gendergerechten Sprache zu tun hat: Wir können damit **drei Stufen der Wichtigkeit des richtigen Genderns** unterscheiden:

1. Gendergerechtigkeit ist bei **spezifischer Referenz** absolut notwendig. Aussagen werden falsch, wenn die Referenzobjekte nicht gendergerecht benannt werden. Wenn ich über eine weibliche Person, die *Susanne* heißt und unser Seminar leitet, spreche (= definite spezifische Referenz) und auf diese mit einem der beiden folgenden Sätze Bezug nehme, dann ist dies eine falsche bzw. semantisch widersprüchliche Aussage (markiert durch Sternchen):

> **Unser Dozent ist in die Stadt gegangen.*
> **Susanne, unser Dozent, ist in die Stadt gegangen.*

Definite, spezifische Referenz erfordert korrekte Genderzuweisung:

> **Unsere Dozentin** *ist in die Stadt gegangen.*
> **Susanne, unsere Dozentin,** *ist in die Stadt gegangen.*

Die Beachtung gendergerechter Sprache ist in diesen Fällen also eine Frage der sachlichen Richtigkeit der Aussage und damit eindeutig keine rein stilistische oder irgendwie fakultative Operation. Genderkorrekte Referenz ist eine kommunikative Notwendigkeit.

Wenn ich auf konkrete, bekannte Individuen Bezug nehme, **muss** ich den passenden gendergerechten Ausdruck verwenden.

Wenn unterschiedliche weibliche und männliche Formen zur Verfügung stehen, muss ich die passende auswählen. Alles andere führt zu falschen Aussagen.

2. Wie sieht es diesbezüglich bei der **nichtspezifischen Referenz** aus? Dazu zunächst zwei Beispiele:

Beispiel 1:

In Amsterdam springen **Touristen** *nachts oft in die Grachten.*

Beispiel 2: Textauszug aus dem Artikel »Jedes einzelne gerettete Huhn zählt« von Jördis Früchtenicht [sic], taz 12./13. Nov. 2016:

Der Verein »Rettet das Huhn« vermittelt seit 2009 Legehennen aus der Landwirtschaft an Privatpersonen. So entgehen die Tiere der Schlachtung. […]

Frau Laab, Ihr Verein »Rettet das Huhn« holt **von Landwirten** *Legehennen ab, die sonst mit etwa anderthalb Jahren geschlachtet würden. Stattdessen werden sie an Privatleute vermittelt. So konnten Sie schon über 40.000 Hühner retten.*

In beiden Beispielen referieren die hervorgehobenen Nominalphrasen – *Touristen* und *(von) Landwirten* – nichtspezifisch auf Gruppen von Personen, die in bestimmten außersprachlichen Situationen auftreten (es geht nicht um die »Klasse« der Touristen oder der Landwirte).

Wie Sie sehen, wird hier ausschließlich die maskuline Form verwendet, die traditionell als das »generische Maskulinum« deklariert wird. Beispiele wie diese sind – soweit wir bei unseren Analysen sehen konnten – der Hauptanwendungsbereich dieser alten Gebrauchsnorm.

Und entsprechend scheiden sich hier die Geister, was das richtige Gendern betrifft. Die Befürworter des »generischen Maskulinums« behaupten, diese Formen seien in ihrer Bedeutung geschlechtsneutral und könnten daher auf Männer wie Frauen referieren. Wie wir schon im zweiten Kapitel erläutert haben, sind diese Verwendungsweisen jedoch nicht eindeutig. Es ist nicht ersichtlich, ob Frauen »mitgemeint« oder ausgeschlossen sind. Das Einzige, was wir anhand dieser Formen wissen können, ist, dass Männer in jedem Fall gemeint sind. Dies können wir durch die Unsinnigkeit von Weiterführungen zu Beispiel 1 wie den folgenden sehen:

- Inkorrekte Weiterführungen zu Beispiel 1:

  *In Amsterdam springen **Touristen** nachts oft in die Grachten. **Diese Frauen** sind im Allgemeinen schwer alkoholisiert.*

  *In Amsterdam springen **Touristen** nachts oft in die Grachten. **Die im Allgemeinen schwer alkoholisierten Frauen** machen sich damit strafbar.*

Möglich sind hingegen Weiterführungen mit spezifisch männlichen Ausdrücken:

- Korrekte Weiterführungen:

  *In Amsterdam springen **Touristen** nachts oft in die Grachten. **Diese Männer** sind im Allgemeinen schwer alkoholisiert.*

  *In Amsterdam springen **Touristen** nachts oft in die Grachten. **Die im Allgemeinen schwer alkoholisierten Männer** machen sich damit strafbar.*

Bei der folgenden Weiterführung durch *diese Frauen und Männer* wird deutlich, dass der Ausdruck *Touristen* im Sinne der traditionellen Praxis als »generisches Maskulinum« gemeint ist. Dies – also die Absicht, Männer und Frauen gleichermaßen zu benennen – wird jedoch erst im Nachhinein, durch den Folgeausdruck, erkennbar, wenn der eben beide gemeinten Gruppen explizit benennt.

- Traditionell möglich:

> *In Amsterdam springen* **Touristen** *nachts oft in die Grachten.* **Diese Frauen und Männer** *sind im Allgemeinen schwer alkoholisiert.*

> *In Amsterdam springen* **Touristen** *nachts oft in die Grachten.* **Die im Allgemeinen schwer alkoholisierten Frauen und Männer** *machen sich damit strafbar.*

Ähnlich sieht es mit unserem zweiten Beispiel aus. Verschiedene Arten der Weiterführung bzw. Wiederaufnahme verdeutlichen auch hier die zweideutige und damit unklare Referenz der Form *von Landwirten:*

- Unklare Referenz – die Weiterführung führt zu falschen Bezügen (markiert durch das hochgestellte Fragezeichen)

> [?]*Frau Laab, Ihr Verein »Rettet das Huhn« holt* **von Landwirten** *Legehennen ab.* **Die Bäuerinnen** *würden die Tiere nach anderthalb Jahren schlachten.*

Bei einer solchen Weiterführung ist die dominante Lesart eine, die dem Ausdruck *die Bäuerinnen* eine andere Gruppe von Referenzpersonen als dem Ausdruck *die Landwirte* zuweist.

Anders ist es im folgenden Fall, bei dem auch in der Weiterführung unklar bleibt, ob Landwirtinnen und Bäuerinnen mitgemeint sein sollen oder nicht.

- Unklare Referenz bleibt bei Weiterführung erhalten:

> *Frau Laab, Ihr Verein »Rettet das Huhn« holt* **von Landwirten** *Legehennen ab.* **Die Bauern** *würden die Tiere nach anderthalb Jahren schlachten.*

Kurz: Bei nichtspezifischer Referenz auf Gruppen von Personen erzeugt die Gebrauchsnorm der ausschließlichen Verwendung des Maskulinums (des »generischen Maskulinums«) diffuse, also entweder mehrdeutige oder völlig dunkle (opake) Bezüge. Hier wird das kommunikative Grundprinzip, das Klarheit und Eindeutigkeit im Ausdruck fordert, massiv verletzt. Solche sprachlichen Unklarheiten können leicht vermieden werden (vgl. die vorherigen Kapitel). Eine gute Möglichkeit für unser letztes Beispiel wäre folgende Fassung, die statt der Personen die betreffenden Betriebe benennt und damit die Technik der Neutralisierung anwendet:

■ Vermeidung der Genderfrage durch Neutralisierung

*Frau Laab, Ihr Verein »Rettet das Huhn« holt **von landwirtschaftlichen Betrieben** Legehennen ab, die sonst mit etwa anderthalb Jahren geschlachtet würden.*

Diese Lösung hat den zusätzlichen Vorteil, dass nicht mehr die Personen (um die es ja gar nicht geht) fokussiert werden, sondern dass das eigentliche Thema, die schlechte Gesamtsituation in der kommerziellen Legehennenhaltung, in den Vordergrund rückt.

Verwenden Sie gendergerechte Formulierungen auch und gerade bei nicht-spezifischer Referenz auf Gruppen.

Ihre Aussage wird dadurch klarer. Ihr Text wird dadurch besser und überzeugender.

---

3. Zur **klassenbezogenen Referenz** muss hier nicht viel gesagt werden. Sie kommt erheblich seltener vor als die nichtspezifische Referenz – wir sprechen seltener über abstrakte Begriffsklassen und deren Definition als über reale Gruppen von Personen, die wir mit bestimmten Begriffen benennen müssen. Dennoch seien einige Fälle genannt, die hoch problematisch sind:

Der Bürger in einer Demokratie hat das Recht auf freie Meinungsäußerung.
Die Bürger in einer Demokratie haben das Recht auf freie Meinungsäußerung.

Asiaten haben eine Intoleranz für Milcheiweiß.
Der Asiate hat eine Intoleranz für Milcheiweiß.

Hier werden allgemeine Aussagen gemacht, die ggf. überhaupt keine Referenzobjekte haben: die ausschließliche Verwendung maskuliner Formen stilistisch antiquiert (vom potenziellen Rassismus im zweiten Beispielpaar einmal abgesehen, vgl. die Beispielanalysen in Kapitel 5). Es wird ein mentales Bild erzeugt, das eine männliche Person zum Stereotyp hat. Das heißt, das alte, für Frauen nachteilige Prinzip wird hier unnötigerweise reproduziert. Besser wäre:

Menschen in einer Demokratie haben das Recht auf freie Meinungsäußerung.
Menschen mit asiatischen Wurzeln haben eine Intoleranz für Milcheiweiß.

(!)

Auch bei klassenbezogener Referenz schadet es nicht, geschlechtergerechte Formen zu verwenden, um die jahrhundertealte, diskriminierende kulturelle Praxis der Stereotypisierung zugunsten männlicher Exemplare als Repräsentanten der Gattung aufzuweichen.

Wir können festhalten: Die Skala der Genderrelevanz bezogen auf den Referenztyp sieht wie folgt aus (R = Referenz):

Höchste Genderrelevanz	← Hohe Genderrelevanz	← Mäßige Genderrelevanz
Spezifische Referenz	← Nichtspezifische R.	← Klassenbezogene R.

In einer Tabelle mit Beispielen formuliert:

Höchste Genderrelevanz Spezifische Referenz	Hohe Genderrelevanz Nichtspezifische R.	Mäßige Genderrelevanz Klassenbezogene Referenz
Richtig bei Bezug auf eine weibliche Person: *Unsere Dozentin ist in die Stadt gegangen*	Richtig bei Bezug auf »gemischte Gruppen«: *In Amsterdam springen Urlaubsgäste nachts oft in die Grachten*	Grundsätzlich richtig: *Menschen in einer Demokratie haben das Recht auf freie Meinungsäußerung*
Wenn nicht richtig gegendert: Aussage ist FALSCH.	Wenn nicht richtig gegendert: Aussage ist unklar, da Referenzobjekte unbestimmt (opak) bleiben.	Wenn nicht richtig gegendert: Das diskriminierende Stereotyp »Male as Norm« wird weitergetragen und bestätigt statt abgeschafft.

→ Syntaktische Funktion

Als zweiten sprachlichen Faktor der Genderrelevanz betrachten wir die syntaktischen Funktionen einzelner Satzglieder, denn Referenz wird nicht durch isolierte Ausdrücke hergestellt, sondern entsteht ganzheitlich in Sätzen bzw. Äußerungen. Den verschiedenen Satzgliedern kommt dabei eine unterschiedliche Funktion zu.

Daher ist die Frage, welche satzinterne syntaktische Funktion ein Ausdruck einnimmt, für eine optimale Anwendung gendergerechter Sprache wichtig. Nicht jede syntaktische Funktion ist in gleichem Ausmaß an der Herstellung gendergerechter Sprache beteiligt.

Auf der Ebene der Satzglieder halten wir die Unterscheidung zwischen **Subjekten** und **Prädikativen** für wichtig und möchten sie mit folgenden Relevanzwerten versehen — wir erklären gleich, warum.

Höchste Genderrelevanz	←	**Hohe Genderrelevanz**
Subjekt	←	Prädikativ

Diese Skala bringt zum Ausdruck, dass für eine Personenbezeichnung in Subjektposition das korrekte Gendern absolut unverzichtbar ist, während dies für die Funktion des Prädikativs von etwas geringerer Relevanz ist.

Der Grund dafür ist, dass über das Subjekt normalerweise der Bezug zur außersprachlichen Welt hergestellt wird. Das Subjekt ist mit einer sogenannten »Existenzpräsupposition« verbunden, d. h., das, worauf sich das Subjekt eines Satzes bezieht, wird tendenziell als tatsächlich existierend verstanden. Bei anderen Satzgliedfunktionen — Prädikativen und Objekten — ist dies nicht im gleichen Umfang der Fall.

Dass korrektes Gendern bei Subjekten absolut notwendig ist, haben wir schon im letzten Abschnitt bei den Beispielen zur spezifischen Referenz gesehen. In Subjektposition verweisen männliche Bezeichnungen auf Männer und weibliche Bezeichnungen auf Frauen:

> **Unser Dozent** *bringt die korrigierten Klausuren mit.*
> **Unsere Dozentin** *bringt die korrigierten Klausuren mit.*

Wenn in Subjektposition mehrere Personen mit unterschiedlichem Geschlecht gemeint sind, sind diese auch entsprechend zu benennen. Dazu stehen Doppelformen, Neutralisierungen und andere Mittel zur Verfügung (vgl. die Auswahl an Möglichkeiten im dritten Kapitel):

> **Unsere Dozentinnen und Dozenten / Unsere Dozierenden / Unsere Lehrkräfte / ...**
> *bringen die korrigierten Klausuren mit.*

Etwas anders liegt der Fall bei **Prädikativen.** Prädikative sind Satzglieder, die – wie schon der Name sagt – etwas über das Satzsubjekt aussagen (prädizieren). Sie erfüllen zusammen mit dem »Kopulaverb« (eines der Verben *sein*, *werden* oder *bleiben*) die Funktion des Prädikats. Als Prädikative können viele verschiedene sprachliche Ausdrücke dienen: Substantivgruppen, Adjektive usw. Wichtig für uns sind hier nur substantivische Personenbezeichnungen und wir kümmern uns im Folgenden nur um diese. Wir stellen zunächst die zugrunde liegenden grammatischen Prinzipien dar, im fünften Kapitel werden in Beispielanalysen Details der Anwendung besprochen.

Prädikative Konstruktionen mit Personenbezeichnungen können durch folgendes Schema erfasst werden:

Subjekt	Kopulaverb	Prädikative
	(*sein*, *bleiben*, *werden*)	**Personenbezeichnung**
Bezug zur außersprachlichen Welt – existierende Person(en)	Aussage über das Subjekt: Prädikat	
Sie	*ist/wird/bleibt*	*Lehrerin*

Üblicherweise kongruiert im Deutschen das Prädikativ semantisch mit dem Subjekt (vgl. semantisches Geschlecht versus grammatisches Genus in Kapitel 2). Die Regel für semantische Kongruenz bei Prädikativen lautet also:

Wenn das Subjekt eine weibliche Person bezeichnet, steht als Prädikativ eine weibliche Personenbezeichnung, wenn das Subjekt eine männliche Person bezeichnet, steht als Prädikativ eine männliche Personenbezeichnung.

Die folgenden Tabellen illustrieren diese Regel:

Semantische Kongruenz zwischen Subjekt und Prädikativ

Subjekt weibliche Personenbezeichnung	Kopula- **verb**	Prädikativ weibliche Personenbezeichnung
Unsere Dozentin	*ist*	*eine hervorragende Didaktikerin.*
Unsere Chefin	*ist*	*eine geschickte Vermittlerin.*
Herta Schulz	*ist*	*Ärztin.*
Sie	*ist*	*Tischlerin.*

Subjekt männliche Personenbezeichnung	Kopula- **verb**	Prädikativ männliche Personenbezeichnung
Unser Dozent	*ist*	*ein hervorragender Didaktiker.*
Unser Chef	*ist*	*ein geschickter Vermittler.*
Walter Müller	*ist*	*Arzt.*
Er	*ist*	*Tischler.*

Zu beachten ist Folgendes: Da das Prädikativ etwas über das Subjekt aussagt – sich also quasi wie ein Verb verhält – und nicht selbstständig auf etwas Außersprachliches Bezug nimmt, ist es in dieser syntaktischen Funktion im Prinzip möglich, auf die semantische Kongruenz zu verzichten. So **kann** ein männlicher Personenausdruck verwendet werden, wenn das Subjekt auf eine weibliche Person referiert. Diese Praxis gilt inzwischen als veraltet.

KEINE semantische Kongruenz zwischen Subjekt und Prädikativ

Subjekt weibliche Personenbezeichnung	Kopula- **verb**	Prädikativ männliche Personenbezeichnung
Unsere Dozentin	ist	ein hervorragender Didaktiker.
Unsere Chefin	ist	ein geschickter Vermittler.
Herta Schulz	ist	Arzt.
Sie	ist	Tischler.

Wir betonen jedoch ausdrücklich, dass wir diese Praxis NICHT empfehlen!

Obwohl die Referenz aufgrund des Subjekts klar ist, wird durch das semantische Geschlecht des Prädikativs unter Umständen zusätzliche Information, zusätzliche Bedeutung in den Satz eingebracht. Dies ist insbesondere dann der Fall, wenn ein maskuliner Subjektsausdruck mit einem femininen Prädikativ kombiniert wird. Ein Satz wie

> *Unser Dozent ist eine hervorragende Didaktikerin.*

gibt, wenn er nicht von vornherein als inkorrekt verstanden wird, Raum für alle möglichen Spekulationen darüber, was mit dieser Aussage wohl gemeint sein könnte. Daher unser Tipp:

Sorgen Sie immer für semantische Kongruenz zwischen Subjekt und Prädikativ.

Wenn der Subjektausdruck eine **gemischte Gruppe** bezeichnet, gibt es mehrere Möglichkeiten für das Prädikativ.

Die deutlichste Lösung ist die **Beidnennung:**

> *Unsere Dozentinnen und Dozenten sind geschickte **Didaktikerinnen und Didaktiker**.*

Auch **Umformulierungen** sind hier oft eine gute Lösung:

> *Unsere Dozentinnen und Dozenten sind **didaktisch geschickt / geschickt in der didaktischen Umsetzung**.*

Nicht selten anzutreffen ist die Verwendung von **maskulinen Personenbezeichnungen im Plural** als Prädikativ:

> *Unsere Dozentinnen und Dozenten sind **geschickte Didaktiker**.*

Wir empfehlen dies nicht, doch ist bei den Pluralformen die Verletzung des Prinzips der Gendergerechtigkeit weniger gravierend als im Singular (→ Beispiele zur Nicht-Kongruenz oben). Als generelle Regel gilt:

> ❗ Prädikative Personenbezeichnungen erfüllen ihre Funktion besser, wenn sie **semantisch** mit dem Subjekt **kongruieren**.

Bei »gemischten« Subjektsausdrücken ergeben sich gelegentlich schwer lösbare Zweifelsfälle. Dies ist insbesondere dann der Fall, wenn im Subjekt eine männliche und eine weibliche Person (im Singular) koordiniert sind. Wie würden Sie sich zum Beispiel in folgendem Fall entscheiden?

> *Herta Schulz und Walter Müller sind ...*
> *... ?Arzt / Ärzte / Ärztin und Arzt*

Die geschickteste Lösung besteht hier unserer Ansicht nach darin, die prädikative Funktion (»ärztlich tätig sein«) zu stärken, indem man eher verbal formuliert, also zum Beispiel (vgl. auch S. 104):

> *Herta Schulz und Walter Müller üben den Arztberuf aus / sind beide im Arztberuf tätig.*

Wir haben hier im Rahmen der syntaktischen Funktion das Subjekt und das Prädikativ in ihrer Genderrelevanz betrachtet. Während beim Subjekt sachverhaltsangemessenes Gendern absolut notwendig ist, besteht beim Prädikativ teilweise ein Spielraum. Zu anderen Satzgliedfunktionen, insbesondere zur Funktion des Objekts – des indirekten ebenso wie des direkten – möchten wir hier, ohne ins Detail zu gehen, vorschlagen, sie (die Objekte) so zu behandeln, wie Subjekte behandelt werden sollten – also die Regeln des richtigen Genderns auch bei dieser syntaktischen Funktion einzuhalten:

- indirektes Objekt / Dativobjekt:

  > *Dieser Kurs vermittelt **den Ärztinnen und Ärzten** unserer Klinik Kenntnisse in Gesprächsführung.*

- direktes Objekt / Akkusativobjekt:

  > *Diese Software unterstützt **die Ärztinnen und Ärzte** unserer Klinik bei ihrem Zeitmanagement.*

→ *Textuelle Funktion*

Als dritten sprachlichen Faktor der Genderrelevanz haben wir die textuelle Funktion bezeichnet, und zwar konkret die Wiederaufnahme. Im Allgemeinen wird im Verlauf eines Textes auf bestimmte Personen und Personengruppen mehrfach verwiesen. Wir können daher grundsätzlich zwischen der **Ersterwähnung** einer Person oder Personengruppe und der **Wiederaufnahme** im weiteren Textverlauf unterscheiden.

Die Möglichkeiten der Wiederaufnahme sind extrem vielfältig: Auf eine bereits erwähnte Person kann zum Beispiel durch Eigennamen *(Herta, Walter, Müller)*, durch Personalpronomen *(sie, er, jene)*, durch Relativ- und Possessivpronomen und durch definite, beschreibende Nominalphrasen *(die Kundin, der langjährige Verwalter, der so Geehrte, diese Kinder)* verwiesen werden. Wir können diese verschiedenen Möglichkeiten nicht ausführlich behandeln. Doch werden wir bei der Diskussion der Beispiele im fünften Kapitel (Beispielanalysen) einige wichtige Formen der Wiederaufnahme besprechen.

Grundsätzlich und im Sinne einer Merkregel können wir hier festhalten:

Die Ersterwähnung einer Person oder Personengruppe ist entscheidend für die Vorstellung, die sich diejenigen machen, die den Text rezipieren (Aufbau eines kognitiven Modells dieses Referenzobjekts). Daher ist die Ersterwähnung in Bezug auf richtiges Gendern von höchster Bedeutung.

Wiederaufnahmeformen enthalten dagegen häufig weniger Information als die Ersterwähnung: Indem sie auf die Ersterwähnung zurückverweisen, übernehmen sie deren semantische Merkmale. Insbesondere pronominale Wiederaufnahmeformen *(er – sie – es*, Pl. *sie* usw.) führen die Merkmale der Ersterwähnung meist ohne Hinzufügung weiterer Information weiter. Allgemein gilt: Wiederaufnahmeformen stehen nicht allein und müssen daher nicht allein die volle Last des richtigen Genderns tragen.

Bei Wiederaufnahmen ist daher – tendenziell – eine geringere Relevanz der gendergerechten Formulierung im Gegensatz zur Ersterwähnung festzustellen.

Höchste Genderrelevanz	←	Hohe Genderrelevanz
Ersterwähnung	←	Wiederaufnahme

Was dies im Einzelfall heißt, können Sie später an den Beispielanalysen beobachten.

→ *Wortstatus*

Als letzte systematisch wichtige Differenzierung für die Genderrelevanz wollen wir auf die Problematik von Personenbezeichnungen innerhalb von **komplexen Wörtern** eingehen. Komplexe Wörter sind aus mehreren Wörtern bzw. Wortbestandteilen zusammengesetzt (wir haben das bereits im dritten Kapitel beim Gendern auf der Wortebene erwähnt, vgl. S. 65–68). Hier geht es jetzt konkret um die Frage, ob es unterschiedliche Prioritäten des Genderns bei Komposita (Zusammensetzungen) und Derivationen (Ableitungen) mit Personenbezeichnungen geben sollte. Wir meinen »ja« und halten als Regel fest:

Höchste Genderrelevanz	←	Hohe Genderrelevanz	←	Mäßige Genderrelevanz
Direkter Personenbezug	←	Indirekter Personenbezug	←	Sachbezug

Dazu einige kurze Erläuterungen: Wenn mit dem komplexen Wort auf **Personen** verwiesen wird, ist Gendern notwendig, wie zum Beispiel in:

Professoren- und Professorinnengruppe

Oder besser aufgelöst als:

Gruppe der Professorinnen und Professoren

Wenn hingegen **Gegenstände** bezeichnet werden, ist die Verwendung von Doppel-nennungen nicht unbedingt relevant bzw. kann den unerwünschten Effekt haben, die Aufmerksamkeit auf das modifizierende Element anstatt auf den Kern der Wort-bildung zu lenken. Daher **nicht**:

*Bürger- und Bürgerinnensteig
*Fleischer- und Fleischerinnenmesser
*Arzt- und Ärztinnenkoffer

Dazwischen gibt es jedoch einen Bereich, der sehr schwer zu beurteilen ist, weil die Skala von konkreten Personenbezeichnungen über die Bezeichnung von Gruppen und Kollektiven bis zu Abstrakta und zur Benennung von Institutionen fließend ist. Wir besprechen exemplarisch einige schwierige Fälle:

■ **Kollektiva: Ableitungen mit -*schaft***

Während beim Plural durch Beidnennung das Gendern leichtfällt, z. B. *Schüler und Schülerinnen*, wird es bei Ableitungen von Kollektivbezeichnungen zum Beispiel mit dem Ableitungssuffix *-schaft* schwieriger: Soll es *SchülerInnenschaft* oder *Schüler- und Schülerinnenschaft* oder *Schülerschaft* heißen? Wir halten in diesem Bereich die Schreibung mit einem Binnen-I für eine sehr elegante und platzsparende Lösung, weisen jedoch darauf hin, dass dies nicht im Einklang mit den Regeln der Rechtschreibung steht.

Bezeichnungen wie *Schülerschaft, Bürgerschaft, Ärzteschaft* sind sehr geläufig und werden oft als ökonomisch und stilistisch sinnvoll erklärt. Wir möchten ihre Nützlichkeit nicht völlig von der Hand weisen, geben aber zu bedenken, dass alles, was über die Defizite des »generischen Maskulinums« bei der Sichtbarmachung von Frauen festgestellt wurde, in abgeschwächter Form auch auf diese abgeleiteten Kollektivbegriffe zutrifft. Hier raten wir zu einem reflektierten Umgang mit dem ganzen Spektrum an Benennungsmöglichkeiten, insbesondere zu Abwechslung in der Benennung und auch zum wohldosierten Ausprobieren neuer Formen.

■ **Abstraktbildungen**

Hier geht es um die Benennung von Ereignissen und Prozessen mit Personenbeteiligung. Zahlreiche komplexe Wörter sind so gebildet: aus einem Abstraktum als Kern und einer Personenbezeichnung als Zusatzinformation. Ein Beispiel ist:

Kundenbefragung

Hier liegt ein Abstraktum vor, das eine komplexe Szene beschreibt, in der die beteiligten Personen – diejenigen, die befragt werden – vermutlich sowohl Kunden wie auch Kundinnen sind. Der zugrunde liegende Satz dieser Wortzusammensetzung ist:

X befragt Kunden und Kundinnen. / Es wurden Kunden und Kundinnen befragt.

Immer wenn es möglich ist, eine solche Auflösung in eine konkrete Szene mit beteiligten Personen vorzunehmen, dann sollte unbedingt versucht werden, gendergerecht zu formulieren. Die Vorschläge entsprechen hier denjenigen, die oben beim Beispiel der Komposita mit *-gruppe* gemacht wurden, also zum Beispiel:

> *Befragung unserer Kundinnen und Kunden*
> *Befragung unserer Kundschaft*

Ein ähnliches Beispiel ist die in den meisten Zeitungen zu findende Rubrik *Leserbriefe*. Es handelt sich um Briefe, die Leser und Leserinnen geschrieben haben. Eine Möglichkeit zur Bezeichnung ist »Briefe an die Redaktion«. Eine andere Option wird von der taz gewählt, die diese Zuschriften unter der Überschrift »LESERINNENBRIEFE« (in Großbuchstaben) veröffentlicht.

■ **Metaphorisch gebrauchte Wortzusammensetzungen**

Interessant und immer wieder Gegenstand von Diskussionen sind auch Ausdrücke wie *der Gesetzgeber* (vgl. das Textbeispiel I in den Beispielanalysen). Hier wird keine Person bezeichnet und auch keine konkrete Szene beschrieben, an der spezifische Personen teilnehmen, sondern es geht um eine Institution oder genauer um ein komplexes Verfahren in einer Institution. Dieses Verfahren wird sozusagen metaphorisch als agierende Person dargestellt (Personifikation). Oft handelt es sich bei solchen Ausdrücken um Fachwortschatz bzw. um technische Ausdrücke, die in ihrem jeweiligen fachlichen Kontext üblich sind. In diesen Fällen halten wir das Gendern für nicht angebracht.

→ *Überblick zur Genderrelevanz*

Genderrelevanz	höchste	hohe	mäßige
Referenztyp	spezifische Referenz	nicht spezifische Referenz	klassenbezogene Referenz
Syntaktische Funktion	Subjekt	Prädikativ	
Textuelle Funktion	Ersterwähnung	Wiederaufnahme	
Wortstatus	Direkter Personenbezug	Indirekter Personenbezug	Sachbezug

In diesem langen Abschnitt haben wir die Relevanz bzw. Gendersensibilität bestimmter sprachlicher Formen und Funktionen für das richtige Gendern in ihrem grundsätzlichen Funktionieren beschrieben.

Im folgenden Abschnitt geht es um einige Besonderheiten der Kongruenz und ihrer konkreten Probleme in Bezug auf das richtige Gendern.

→ 4.2 Kongruenz in Satz und Text

Kongruenz meint die Übereinstimmung von grammatischen Merkmalen zwischen verschiedenen sprachlichen Einheiten. Sie betrifft damit auch die Kategorie Genus – bei grammatischer bzw. formaler Kongruenz *(ein fröhlicher Mann, eine fröhliche Frau)*, aber auch bei semantischer (inhaltlicher) Kongruenz *(**das** Mädchen ist **eine** fröhliche Jugendliche)*.

Wir gehen zunächst die einzelnen genderrelevanten Formen durch, die immer wieder Fragen aufwerfen und Probleme bereiten: von einzelnen Phrasentypen *(Frau Professorin, liebe Bärbel)* bis zu unterschiedlichen Strukturen der Wiederaufnahme im Satz wie prädikativen Strukturen *(Sie ist x)* oder der Wiederaufnahme durch Appositionen *(**Unser** Kunde, **die** Firma x)*, Pronomen *(Das Mädchen … **Es/Sie** …)* oder Relativsätze *(Unser Kunde, die Firma Meier, **die/der** …)*.

Kongruenz bei Titel und Anrede

→ *Frau Professorin / Frau Professor*

In diesen Fällen plädieren wir in der Regel für semantische Kongruenz (vgl. die vorherigen Kapitel), denn wenn jemand angeredet oder mit einem Titel bezeichnet wird, liegt eine spezifische Referenz auf eine konkrete Person vor:

Besser:	Möglich, aber veraltend:
Frau Professorin Carola Müller	*Frau Professor Carola Müller*
Sehr geehrte Frau Staatsanwältin!	*Sehr geehrte Frau Staatsanwalt!*

→ *Gabriele W., Professorin für Geschichte* (Appositionen)

Das gilt besonders für die Apposition, die Beifügung, im Bezug auf Personen.
Hier sollte immer das natürliche Geschlecht der Bezugsperson beachtet werden:

> *Gudrun Weber, die* **Lehrerin** *meiner Söhne*
> *Dr. Ulrike Bauer,* **Staatssekretärin** *im Familienministerium*
> *Gabriele W.,* **Professorin** *für Geschichte*
> *Louisa Maier,* **Magistra Artium** *(M. A.)*

Bei spezifischer Referenz auf eine konkrete weibliche Person gilt in der Regel
semantische Kongruenz; sowohl bei der Anrede als auch beim Nennen des Titels
oder der Funktion sollten also die femininen Formen verwendet werden.

→ *Liebe/Liebes Gretel · Lieber/Liebes Hansel!* (Verkleinerungsformen)

Verkleinerungsformen weiblicher (und männlicher) Vornamen auf *-el* sind wie alle
Verkleinerungsformen vom Genus, dem grammatischen Geschlecht, her Neutra.
Trotzdem richtet sich bei ihnen das attributive Adjektiv oder das Pronomen nach
dem **natürlichen Geschlecht** der benannten Person. Es ist also entweder maskulin
oder feminin, je nachdem, ob das neutrale Substantiv ein männliches oder ein weibliches Wesen bezeichnet:

> *Lieb**e**, gute Liesel!;* **der** *hübsch**e** Hansel*
> *Mein**e** lieb**e** Bärbel!* (Dialektal aber:) *das Bärbel*

Bei grammatisch neutralen Verkleinerungsformen weiblicher und männlicher
Vornamen auf *-el* gilt in der Regel **semantische Kongruenz.** Die Attribute und auch
die Wiederaufnahmemittel im Satz stehen also entweder im Femininum oder im
Maskulinum, nicht im Neutrum.

Kongruenz im Satz: prädikative Strukturen

Prädikative sind Satzglieder, die nach sogenannten Kopulaverben *(sein, werden, bleiben)* eine Aussage über das Satzsubjekt machen (vgl. S. 82–85). Sie kommen sehr häufig vor – entweder in Form eines Adjektivs *(Sie ist **schlau)** oder als Substantiv *(Sie ist **eine Schlaue** / Sie ist **Ärztin)**. Da sich Prädikative semantisch (inhaltlich) auf das Subjekt beziehen, kann es bei nominalen Prädikativen Zweifelsfälle geben, ob das semantische Geschlecht passend ist oder nicht (ob also Kongruenz mit dem Subjekt bezogen auf das semantische Geschlecht herzustellen ist oder nicht).

→ ***Sie ist Lehrer/Lehrerin*** (Titel und Berufsbezeichnungen)

Bei Bezeichnungen für eine **Person** ist Kongruenz im Genus die Regel.

> *Petra ist Besitzerin, Paul ist Besitzer eines Hauses.*
> *Sie gilt als beste Kundin dieses Ladens, er als bester Kunde.*
> *Luca nennt Sebastian seinen Freund, Olga seine Freundin.*

Bei Titeln/Berufsbezeichnungen, die sich auf eine weibliche Person beziehen, standen früher auch maskuline Formen (meist wenn die Rolle oder Funktion hervorgehoben werden sollte). Heute wird eindeutig die Kongruenz im Genus bevorzugt:

> *Sie ist Lehrerin, Ärztin, Busfahrerin, Abteilungsleiterin.*
> *Frau Heller arbeitet als Laborantin, Typografin, Redakteurin.*
> *Ulla Krause macht eine Ausbildung zur Zeichnerin, Journalistin, Kauffrau.*

→ ***Sie ist Herr/Herrin der Lage*** (feste Verbindungen)

Bei einigen festen Verbindungen mit Prädikativ schwankt der Gebrauch:

> *Die Betriebsleiterin ist **Herr/Herrin** der Lage.*
> *Frau Meier ist **ein Freund / eine Freundin** der Ordnung.*
> *(Apposition:) Frau Meier, stets **ein Freund / eine Freundin** der Ordnung.*
> *Sie war **Zeugin/Zeuge** des missglückten Attentats.*
> *Die Schnittwunde war so tief, dass sie **zum Arzt gehen** musste.*
> *Susanne behauptet, sie sei hier der **Depp vom Dienst** /*
> *Susanne behauptet, sie sei hier ?**der Mann fürs Grobe.***
> *Lukas behauptet, er sei hier das **Mädchen für alles**.*

Wie wir sehen, sind die Übergänge, wie fest eine Wendung im Sprachgebrauch geworden ist, fließend. »Herr der Lage sein« ist sicher fester als »Zeuge sein« – und dennoch wird auch in festen Wendungen zunehmend die feminine Form bevorzugt, wenn sie sich auf weibliche Personen der außersprachlichen Welt beziehen. Das können wir nur unterstützen.

Es gibt feste Verbindungen, die sich in maskuliner Form im Sprachgebrauch niedergeschlagen haben. Wenn Sie sie aber auf konkrete weibliche Personen anwenden möchten, können Sie durchaus auch die femininen Formen nutzen.

→ *Das Kind ist ein Dieb · Ein Genie ist manchmal ein Einzelgänger*
(Bezug auf genusindifferente Personenbezeichnungen)

Bei Personenbezeichnungen, die sowohl weibliche als auch männliche Personen benennen können (*das Kind, das Baby, das Individuum* usw.), wird im Allgemeinen als Prädikativ (auch in der Apposition) ein maskulines Substantiv gewählt – wenn offen ist, um wen konkret es sich handelt.

> *Das Kind* ist *ein Dieb.*
> *Jedes Mitglied* ist *Besitzer* eines Vereinsausweises.
> (Besser aber: *Jedes Mitglied* **besitzt** einen Vereinsausweis.)

Etwas anders sieht das allerdings aus, wenn eine zusätzliche Information bereits vorhanden ist – hier ist wieder unsere Skala der Genderrelevanz hilfreich. Stellen Sie sich eine Situation vor, in der ein Mädchen (Clara) beim Ladendiebstahl erwischt wird und auf der Polizeiwache auf die Eltern wartet. Dann könnten anwesende Personen durchaus über das Kind reden – und bei nun gegebener entsprechend spezifischer Referenz sagen:

> *Das Kind dort [= Clara]* ist **eine Diebin.**
> *Dieses Mitglied [= Frau Berger]* ist **Besitzerin** eines Vereinsausweises.

Bei spezifischer Referenz auf bekannte weibliche Personen (hier: *Clara*) werden auch Prädikative (hier: *eine Diebin*), die zu genusindifferenten Personenbezeichnungen als Subjekt gehören (hier: *das Kind*), in **femininen** Formen verwendet.

→ *Dieses Mädchen ist eine gute Rechnerin / ein guter Rechner*

Einen ähnlichen Fall haben wir vorliegen, wenn das grammatische Geschlecht (Genus) einer Bezeichnung nicht zum einzig möglichen natürlichen Geschlecht (Sexus) der bezeichneten Person passt (wir haben solche Bezeichnungen schon **hybride Substantive** genannt, vgl. S. 18). Denn bei dem (Rück-)Bezug in diesen Fällen kommt es zwangsläufig zu Konflikten zwischen grammatischer und semantischer Kongruenz. Auffällig und für unseren Kontext interessant ist das zum Beispiel bei *das Mädchen*, das wie alle Substantive auf -*chen* neutrales Genus hat, sich aber ausschließlich auf eine weibliche Person beziehen kann.

Was machen wir mit einem Prädikativ wie *eine gute Rechnerin / ein guter Rechner*? Hier gibt es keine Form im Neutrum (die grammatisch für ***das*** Mädchen ja gefordert wäre), sondern wir müssen uns zwischen Femininum und Maskulinum entscheiden. Da das **semantische** Merkmal ›weiblich‹ vorliegt, sollte also notwendigerweise das Femininum stehen, wenn es eines gibt:

> *Dieses Mädchen ist eine gute Schülerin.*
> *Das Mannequin ist eine erstaunlich gute Schauspielerin.*

Zur Wiederaufnahme im Text (grammatische Kongruenz: *das Mädchen – es spielt* oder semantische Kongruenz: *das Mädchen – sie spielt*) kommen wir gleich ausführlicher.

Bezeichnet eine neutrale Personenbezeichnung *(das Mädchen, das Mannequin)* nur eine weibliche Person, steht beim prädikativen Bezug ein feminines Substantiv.

Die Autoindustrie ist der beste Abnehmer / die beste Abnehmerin …
(Exkurs zu Sach- und Kollektivbezeichnungen)

Dieser Zweifelsfall sei hier der Vollständigkeit halber erwähnt, weil es ebenfalls um Genuskongruenz geht. Denn auch wenn nicht auf Personen referiert wird, herrscht oft Übereinstimmung im Genus zwischen dem Subjekt und dem Prädikativ:

Auftraggeberin ist die Stadt München. Auftraggeber ist der Sportverband.

Allerdings gibt es bei Sachbezeichnungen und kollektiven Personenbezeichnungen keine feste Regel, die Genuskongruenz fordert. Deshalb ist hier neben der Kongruenz auch ein Wechsel zum Maskulinum oder Neutrum möglich (da es nicht um weibliche **Personen** geht, ist dies keine Frage des Genderns):

Die Autoindustrie ist der beste Abnehmer / die beste Abnehmerin / das größte Anwendungsgebiet für Kunststoffe.
Die Not ist ein echter Lehrmeister / eine echte Lehrmeisterin.

Kongruenz im Text: pronominale Wiederaufnahme

Kommen wir nun zu der satzübergreifenden Wiederaufnahme. Auf der **Textebene** können wir nämlich ganz anders agieren als bei isolierten Sätzen oder gar einzelnen Formen. Wenn wir eine Referenz im Text weiterführen, ist bereits bekannt, worum oder um wen es sich handelt. Da die Erstnennung einer Person entscheidend ist (vgl. S. 86) und diese in einem bestimmten Kontext ja bereits erfolgt ist, sind die weiterführenden Formen oft semantisch reduziert, denn sie können Merkmale der Erstnennung einfach implizit übernehmen. Dennoch (oder gerade deshalb?) gibt es immer wieder Zweifelsfälle, von denen wir die relevanten hier nennen wollen:

Was macht das Mädchen? Ist es/sie noch krank? Das Mannequin, das/die …
(Wiederaufnahmeformen hybrider Substantive)

Fraglich ist manchmal, welche Pronomen bei Genus-Sexus-Unterschieden verwendet werden sollen, wenn es um die Wiederaufnahme im Satz geht. Auch hier gibt es natürlich kein Patentrezept, häufig gibt es auch mehrere korrekte und angemessene Lösungen. Im Sinne des Genderns können wir versuchen, die dem Sexus entsprechende Form zu nutzen. Beim Personalpronomen und beim Possessiv sind sowohl das Femininum als auch das Neutrum möglich:

> *Das Mädchen geht jetzt in die Schule. Es/Sie ist eine gute Schülerin.*
> *Das Mädchen hat gestern trotzdem seine/ihre Hausaufgaben vergessen.*

Die feminine Form wird besonders dann bevorzugt, wenn das Pronomen bzw. das Artikelwort weiter entfernt steht:

> *Das Mädchen fand schnell Freundinnen. Besonders bemühte sie sich um ihre Tischnachbarin.*

In **Relativsätzen** dagegen ist zunächst in der Regel das Genus des Bezugswortes ausschlaggebend:

> *Das Mädchen, **das** sich nicht mehr zu erinnern schien, lief an mir vorbei.*
> *Das Mannequin, **das** mit dem Schauspielern anfing …*

Erst wenn im weiteren Verlauf des Textes eine erneute Wiederaufnahme erfolgt, kommt es zu semantischer Kongruenz:

> *Das Mannequin, **das** mit dem Schauspielern anfing … **Sie** war tatsächlich bald international anerkannt.*

Sie ist die erste Ärztin, die … / Sie ist die erste unter den Ärzten und Ärztinnen, die …
(Doppelformulierungen bei Berufsbezeichnungen)

Richtig kompliziert wird es aber erst in Fällen wie diesem, wenn eine Frau innerhalb einer gemischten Menge Personen herausgehoben werden soll. Um Missverständnisse zu vermeiden, ist es dann gelegentlich notwendig, Doppelformen oder andere Formulierungen zu wählen.

■ **Missverständlich:**

> *Gudrun Weber ist die erste Ärztin, die diese Operation gewagt hat.*
> (Man könnte fälschlicherweise annehmen, dass männliche Kollegen diese Operation schon vor ihr gewagt hätten.)
> *Maria Schneider ist die bekannteste Bundestagsabgeordnete.*
> (Man könnte fälschlicherweise annehmen, sie sei die bekannteste aller weiblichen Bundestagsabgeordneten.)

■ **Eindeutig:**

Gudrun Weber ist die erste unter den Ärzten und Ärztinnen, die diese Operation gewagt hat.

Maria Schneider ist das bekannteste Mitglied des Bundestages.

Wir sehen hier schnell, dass es in solchen Fällen am besten ist, auf der Textebene anzusetzen und eine **andere Art der Vertextung** zu suchen – wie wir es schon im vorangegangenen Abschnitt vorgeschlagen haben (vgl. S. 86). Weiteren solchen Problemfällen widmen wir uns nun im Folgenden in den Beispielanalysen.

→ *Wir benutzen Sprache, um uns die Wirklichkeit zu erschließen, um unser Denken auszudrücken und uns in Beziehung zu anderen zu setzen. Da Sprache und Welt nicht deckungsgleich sind, sagt unsere Sprache immer mehr über uns als über die Welt, die wir versuchen zu beschreiben. In unserer Gesellschaft leben Menschen, die sich weder dem männlichen noch dem weiblichen Geschlecht zuordnen können und/oder wollen. Ein Festhalten an einer zweigeschlechtlichen Sprachlogik ignoriert die Lebenswirklichkeit dieser Menschen. Sprache, die nicht diskriminieren möchte, muss versuchen, diese Lebenswirklichkeit abzubilden. Aktuell werden dafür verschiedene Varianten genutzt, wie z. B. Partizipialformen, Gender-Sternchen*, Gender_ Gap etc. Selbstbezeichnungen in benachteiligten Communities ändern sich jedoch häufig, da Begriffe durch Diskriminierungserfahrungen auf- oder abgewertet werden. Wir möchten Selbstbezeichnungen respektieren und von den Communities lernen. »Richtig gendern« heißt für uns daher, unseren Sprachgebrauch immer wieder im Austausch mit den jeweiligen Communities zu hinterfragen und anzupassen.*

Kulturprojekte Berlin GmbH
DIVERSITY.ARTS.CULTURE
Berliner Projektbüro für Diversitätsentwicklung

5 Beispielanalysen

Die Überlegungen des vorangegangenen Abschnitts dienen uns als eine Art Kompass, mit dem wir nun die praktische Anwendung in den Mittelpunkt stellen und anhand unterschiedlicher Textvorkommen typische Probleme und Lösungsmöglichkeiten des richtigen Genderns beispielhaft besprechen. In diesem Abschnitt wollen wir daher einige Beispieltexte »aus dem richtigen Leben« analysieren und vor allem darauf achten, welche Lösungen hier für die Fragen der richtigen Benennungen aller angesprochenen und besprochenen Personen gewählt werden. Wir haben verschiedene Textsorten ausgewählt, die sich in ihren Mitteilungsabsichten und ihren Zielgruppen unterscheiden. Diese haben wir in Untergruppen gegliedert, die wir jeweils in einem Abschnitt darstellen. Die Gliederung orientiert sich grob an der primären Textfunktion, hat jedoch nicht den Anspruch einer systematischen Textsortenklassifikation.

Die Beispiele decken die Skala des richtigen Genderns von »sehr gelungen« über »kann noch treffender werden« bis »wurde überhaupt nicht bedacht« ab. Die Quellen der Originalzitate sind direkt im Text angegeben. Etliche Beispiele sind tatsächlichen Vorkommen »nachgebildet«, da wir die Quellen nicht direkt aufnehmen wollten.

→ 5.1 Texte mit Appellwirkung an die »Öffentlichkeit«

Die Texte sprechen große Gruppen von Personen an und bringen eine Aufforderung, Bitte oder dergleichen vor; es handelt sich um Rundschreiben, Wurfpost, **Massenbriefe** usw.

Textbeispiel I

1 »Merkblatt für die Wahl der Vertreterversammlung

2 *Sehr geehrte Wählerin,*
3 *sehr geehrter Wähler,*

4 *mit diesem Brief erhalten Sie Ihre persönlichen Unterlagen zur Sozialwahl 2017*
5 *bei der Deutschen Rentenversicherung Bund. Ihre Stimme entscheidet darüber,*
6 *wer in der Vertreterversammlung in den kommenden sechs Jahren wichtige*
7 *Entscheidungen trifft. Die Vertreterversammlung ist das Parlament der Deut-*
8 *schen Rentenversicherung Bund.*
9 *Sie haben die Wahl zwischen verschiedenen Listen. Das sind Organisationen,*
10 *die sich dafür einsetzen, dass die Interessen der Versicherten und Rentner*
11 *Gehör finden. Je mehr Stimmen eine Liste erhält, desto mehr Sitze kann sie*
12 *in der Vertreterversammlung mit ihren Kandidaten besetzen. Die gewählten*
13 *Selbstverwalter sind kompetente Frauen und Männer, die sich ehrenamtlich*
14 *engagieren und Ihre Interessen gegenüber Politik und Gesetzgeber vertreten.*

15 *Ihre Stimme für eine starke Rentenversicherung!*
16 *Nutzen Sie Ihr Recht auf Mitbestimmung und stärken Sie die Versicherten-*
17 *vertretung im Parlament der Deutschen Rentenversicherung Bund durch Ihre*
18 *Stimmabgabe.«*

[Auszug aus: Merkblatt als Beilage zu den Wahlunterlagen im Mai 2017 per Post an alle Haushalte]

Wir betrachten nun alle Personenbezeichnungen und die Formen des Genderns, die verwendet werden. Zunächst werfen wir einen Blick auf die direkte Ansprache der Rezipienten und Rezipientinnen. Direkte Adressierungen finden wir in mehreren Passagen des Textes: In den Zeilen 2 und 3 erfolgt die einleitende Anrede in Form der Doppelnennung und mit üblichen Höflichkeitsformen als *sehr geehrte Wählerin, sehr geehrter Wähler*. Im weiteren Textverlauf werden diese Personen jeweils in der Höflichkeitsform *Sie* und entsprechenden Kongruenzformen – z. B. Possessivartikel: *Ihre* persönlichen Unterlagen – erneut adressiert. Diese Ansprache durchzieht den ganzen Text. Da gleich zu Beginn mit der Doppelnennung eine geschlechtergerechte Adressierung erfolgt, ist für den gesamten Rest des Textes klar, dass alle Arten der

Weiterführung – Formen der zweiten Person in der Höflichkeitsform, also der formal dritten Person Plural – ebenfalls auf Frauen und Männer bezogen sind.

Wir sehen hier sehr deutlich, dass faire sprachliche Benennung keineswegs ein Platzräuber ist, sondern sehr sparsam, unauffällig und elegant geschehen kann. Entscheidend ist der Einstieg, die Erstbenennung. Stünde hier eine Maskulinform, also nur *sehr geehrter Wähler*, würden sich auch alle Wiederaufnahmeformen hierauf beziehen und wir hätten keinen geschlechtergerechten Text (vgl. Kap. 4.1 zu textueller Funktion).

Um den Appellcharakter des Textes, also die Aufforderung, an der Wahl teilzunehmen, zu verstärken, stehen am Ende des Textauszugs die Adressierungen der Angesprochenen (in imperativischen Sätzen) sehr dicht: In den Zeilen 15 bis 17 treten gleich fünf Formen auf:

> **Ihre** Stimme / nutzen **Sie Ihr** Recht / stärken **Sie** die Versichertenvertretung / durch **Ihre** Stimmabgabe.

Man kann sagen, dass die Adressierung der Angesprochenen im Hinblick auf Gendergerechtigkeit in jeder Hinsicht gelungen ist. Die Benennung der Personen, über die gesprochen wird, also die zur Wahl stehenden Personen und deren Funktion, ist hingegen weniger perfekt gegendert.

In Zeile 6 wird das Gremium, in das die Personen gewählt werden, als *Vertreterversammlung* bezeichnet (so auch in den Zeilen 7 und 12 sowie in der Überschrift in Zeile 1). Diese Kollektivbezeichnung meint ganz offensichtlich ›die Versammlung der gewählten Vertreterinnen und Vertreter‹ und soll sich somit auf Männer wie Frauen beziehen. Da mit diesem Ausdruck tatsächlich auf Personen Bezug genommen wird (vgl. S. 85–87), halten wir die Verwendung der maskulinen Form *Vertreter* als Bestimmungswort der Zusammensetzung hier nicht für angemessen. Besser sind andere Substantive zur Bezeichnung dieses Kollektivs, zum Beispiel die weiter unten im Text auftretende Nominalgruppe *Parlament der Deutschen Rentenversicherung Bund* (Zeile 7 f.) oder die Zusammensetzung *Versichertenvertretung* (Zeile 16 f.). Der Ausdruck *Parlament* ist eine Neutralisierung (und keine Personenbezeichnung); der Ausdruck *Versichertenvertretung* enthält als Personenbezeichnung das geschlechtsneutrale Partizip *Versicherte*.

Auch die wohl als »generische Maskulina« zu verstehenden Substantive *Kandidaten* in Zeile 12 und *Selbstverwalter* in Zeile 13 sind unter dem Gesichtspunkt der Gendergerechtigkeit zu kritisieren, vor allem da hier sehr leicht Abhilfe geschaffen werden könnte. Dies zeigt sich in der Gegenüberstellung des Originals mit der verbesserten Lösung.

Ungünstig gegenderte Zeilen 11 bis 14:

11 *Gehör finden. Je mehr Stimmen eine Liste erhält, desto mehr Sitze kann sie*
12 *in der Vertreterversammlung mit ihren Kandidaten besetzen. Die gewählten*
13 *Selbstverwalter sind kompetente Frauen und Männer, die sich ehrenamtlich*
14 *engagieren und Ihre Interessen gegenüber Politik und Gesetzgeber vertreten.*

Besser wäre:

11 *Gehör finden. Je mehr Stimmen eine Liste erhält, desto mehr Sitze kann sie in*
12 *der Versichertenvertretung mit ihren Kandidatinnen und Kandidaten besetzen.*
13 *Die gewählten Frauen und Männer engagieren sich ehrenamtlich in der*
14 *Selbstverwaltung und vertreten Ihre Interessen kompetent gegenüber Politik*
15 *und Gesetzgeber.*

Auch beim komplexen Ausdruck in Zeile 10 *die Interessen der Versicherten und Rentner* könnte durch die Doppelnennung *Rentnerinnen und Rentner* anstelle der reinen Maskulinumform *Rentner* leicht gendergerechte Sprache hergestellt werden. Beim Substantiv *Versicherten* handelt es sich, wie schon erwähnt, um ein geschlechtsneutrales Partizip im Plural, das hier als Substantiv verwendet wird.

Vielleicht ist Ihnen beim Lesen auch der Ausdruck *Gesetzgeber* in Zeile 14 in der Phrase *gegenüber Politik und Gesetzgeber* aufgefallen und Sie fragen sich, was Sie damit tun sollten. Wir vertreten die Auffassung, dass an dieser Stelle die maskuline Form korrekt ist: Handelt es sich hier doch um einen metaphorischen Ausdruck für den komplexen Prozess der Erstellung und Inkraftsetzung eines Gesetzes in einer Demokratie (vgl. S. 89). Er bezieht sich nicht auf eine bestimmte Person oder Personengruppe, sondern auf eine abstrakte staatliche Funktion bzw. Aufgabe. Dies lässt sich dadurch erhärten, dass hier leicht statt *Gesetzgeber* ein Ausdruck wie *Legislative* oder dergleichen eingesetzt werden könnte (*gegenüber Politik und Legislative*).

Wir sehen, dass bereits in diesem kurzen und recht einfachen Text durch die richtige sprachliche Formulierung sehr viel für die Gleichstellung der Geschlechter getan werden kann. Und wir sehen auch, dass es wichtig ist, einen Text durchgängig entsprechend den Überlegungen zur geschlechtergerechten Sprache zu konzipieren, wenn er als qualitätsvoll und problembewusst wahrgenommen werden soll.

Textbeispiel II

Dieses Beispiel ist ähnlich auf der Homepage einer **Bank** zu finden. Es enthält Informationen zum Eröffnen eines Kontos. Appellcharakter hat dieser Text insofern, als die Bank damit neue Kunden und Kundinnen gewinnen will.

> *Wir legen für **Kunden** aus jeder Branche Konten an. Geschäftskonten können auf den Namen **des Kontoinhabers** geführt werden.*
> *Konten eröffnen wir für **deutsche** Staatsbürger, die im Inland leben, sowie für **ausländische Staatsbürger**, die im Inland leben und hier steuerpflichtig sind.*
>
> *Sie sind als **Freiberufler** und Selbstständige bei uns herzlich willkommen. Die privaten Girokonten werden auf den Namen des **Kontoinhaber**s und auf eigene Rechnung geführt.*

Dieser Text enthält zahlreiche Bezeichnungen für die angesprochenen Personen, also Menschen, die bei der Bank ein Konto eröffnen könnten und – so das Interesse der Bank – auch eröffnen sollten. Keine der Personenbezeichnungen ist gegendert, es gibt ausschließlich maskuline Formen:

> *Kunden, Kontoinhaber, deutsche Staatsbürger, ausländische Staatsbürger, Freiberufler*

Wir können davon ausgehen, dass in unserem Land auch Frauen Bankkonten eröffnen. Insofern – aufgrund dieses Weltwissens – haben wir als Frauen Grund zur Annahme, dass wir uns in dieser Ansprache mitgemeint fühlen dürfen. Die Frage ist jedoch, ob eine derartige Adressierung nicht eher den Anlass gibt, eine andere, kundinnenfreundlichere Bank zu wählen.

Im Übrigen kann man auch hier erkennen, dass nicht jedes »generische Maskulinum« gleich unpassend wirkt. Formen im Plural (*Kunden, Staatsbürger*) sind – insbesondere in nichtspezifischer Referenz – weniger anstößig. Ausgesprochen abweisend klingt jedoch die Formulierung:

Sie sind als **Freiberufler** *und Selbstständige bei uns herzlich willkommen.*

Hier wird eine direkte Anrede versucht *(Sie sind ...)*, die jedoch nicht gelingt. Offenbar sind ausschließlich Männer angesprochen: *Freiberufler.* Der Ausdruck *Selbstständige* ist wohl als Plural zu verstehen und eher nicht als feminine Form; dann wäre es Singular und es müsste eher heißen: *Sie als Freiberufler* (Sg. Mask.) und *Sie als Selbstständige* (Sg. Fem.).

Falls hier im letzten Abschnitt des Textes ein Versuch auf gendergerechte Sprache gemacht wurde, so ist er leider als völlig missglückt zu bezeichnen, was auch daran liegt, dass man aufgrund des Vortextes nicht an die Genderbewusstheit des Verfassers oder der Verfasserin glauben kann.

→ 5.2 Situativ gebundene Hinweise und Anweisungen

Orts- und situationsgebundene Hinweise, Schilder und Aufschriften finden sich in großer Zahl und Verschiedenheit in vielen Situationen des Alltags. Sie richten sich an alle Personen, die sich in einer bestimmten Situation befinden und eine bestimmte Absicht oder ein bestimmtes Interesse haben. Sie sind als Handlungsanleitungen oder auch Aufforderungen an »alle, die es betrifft« gerichtet. Oft steht auch hier das »generische Maskulinum«, wie in folgendem Beispiel, einem **Warnhinweis** im Flur eines Mehrparteienwohnhauses, der an Personen gerichtet ist, die eventuell mit der Absicht, zu stehlen oder sonstigen Schaden anzurichten, an diesen Ort kommen.

Textbeispiel III

Vorsicht! Wachsamer Nachbar!

Hier wird mit dem Ausdruck *wachsamer Nachbar* keine definite Referenz auf eine bestimmte Person vollzogen, sondern auf eine Gruppe, auf »die Nachbarschaft«, und es wird darauf hingewiesen, dass diese Gruppe grundsätzlich aufmerksam beobachtet, wer wann im Haus ist, wodurch Wohnungseinbrüche mit hohem Entdeckungsrisiko verbunden sind.

Beim Ausdruck *wachsamer Nachbar* handelt es sich somit um »nichtspezifische Referenz«, die sich sicherlich auf Frauen und Männer gleichermaßen beziehen soll. Dennoch wird durch den maskulinen Ausdruck *Nachbar* das mentale Bild, das kognitive Konzept einer männlichen Person hervorgerufen und das einer weiblichen Person, einer Nachbarin, in den Hintergrund gerückt. Hier wäre jedoch eine Beidnennung nicht sinnvoll.

■ **Keine** gute Lösung:

> *Vorsicht! Wachsamer Nachbar / Wachsame Nachbarin!*

Durch diese Formulierung würde die Aufmerksamkeit auf die Personen gelenkt, die in der Nachbarschaft leben und die zentrale Funktion des Hinweises – Abschreckung von potenziellen Wohnungseinbrüchen – abgeschwächt.

Wie kann man es besser machen? Ganz einfach: Man kann eine **Kollektivbezeichnung** wählen, also z. B. ein Substantiv wie *Nachbarschaft*.

■ Eine **bessere** Lösung – Kollektivbezeichnung:

> *Vorsicht! Wachsame Nachbarschaft!*

Noch besser ist es, die Situation, **den Zustand zu schildern**, der dazu führt, dass diejenigen, die einbrechen wollen, Gefahr laufen, bei ihrem Einbruch entdeckt zu werden. Dies kann mit Tätigkeitsaussagen wie den folgenden geschehen:

■ **Sehr geschickt:** Tätigkeit benennen

> *Vorsicht! Wir passen aufeinander auf / Wir geben acht / Wir sehen, was hier geschieht.*

Wenn Sie auf bestimmte Tätigkeiten, Aktionen, Zustände hinweisen wollen, benennen Sie diese durch einen Satz, eine verbale Konstruktion.
Ersparen Sie sich Substantivierungen bzw. Personenbezeichnungen, die unnötiges Gendern erfordern würden.

Textbeispiel IV

Dieses Beispiel ist der Anleitungstext eines Finanzamtes in einem Formular über die »Bestätigung über Sachzuwendungen«. Jede der Lücken in einem Formular enthält die Aufforderung zum Ausfüllen. Die Anweisungen und Erläuterungen sind diesbezüglich »situationsgebunden« — sie gelten für die jeweilige Lücke und die jeweiligen konkreten Akte des Ausfüllens.

In dem genannten Formular lesen wir nun an der Stelle, an der die Person, die die Sachzuwendung getätigt hat, ihren Namen einfügen muss:

Name und Anschrift des Zuwendenden

Am Ende des Formulars muss die Person unterschreiben, die die Zuwendung erhalten hat. Hier heißt es im Formular:

Ort, Datum und Unterschrift des Zuwendungsempfängers

Wir waren sehr überrascht, im zweiten Jahrzehnt des dritten Jahrtausends noch amtliche Texte in dieser antiquierten Form zu finden. Ein solcherart gestaltetes Formular missachtet die Regeln der gendergerechten Sprache aufs Gröbste; man kann davon ausgehen, dass es den gesetzlichen Vorgaben nicht entspricht.

Es ist bei direktem Bezug auf konkrete Personen absolut notwendig, Frauen und Männer gleichermaßen anzusprechen, wenn sie jeweils gemeint sind. Also:

Name und Anschrift des oder der Zuwendenden

Ort, Datum und Unterschrift des Zuwendungsempfängers / der Zuwendungsempfängerin

→ 5.3 Fachsprachliche und wissenschaftliche Texte

Schriftlich-monologische Texte, die sachorientiert sind und sich an eine allgemeine Leserschaft wenden, legen den Schwerpunkt auf die Darstellung von Inhalten, die mehr oder weniger wissenschaftlich bzw. fachspezifisch sind. Wenn über Personen gesprochen wird, sind (meist) nicht konkrete Individuen oder Gruppen von Individuen gemeint, sondern bestimmte Klassen von Individuen bzw. bestimmte Klassen von »Funktionsrollen« – ›Ausbilder‹, ›Sprecher‹, ›Patient‹, ›Käufer‹ usw. In diesen Textsorten ist die Neigung zum **»generischen Maskulinum«** besonders groß und oft auch heute noch vorherrschend. Sehr oft wird diese Auswahl der Benennung nicht kommentiert und vermutlich auch nicht reflektiert. Sie stützt sich – insbesondere in älteren Abhandlungen – auf die »selbstverständliche« Konvention des »generischen Maskulinums«. So heißt es im folgenden Beispiel:

Textbeispiel V

*Ein deiktischer Ausdruck kann vom **Rezipienten** nur richtig verstanden werden, wenn **er** die situativen Gegebenheiten kennt. (Diewald, Gabriele. 1991. Deixis und Textsorten im Deutschen. Tübingen: Niemeyer, S. 1)*

Diese Methode wird im Buch durchgängig beibehalten. Es ist nur von *Sprechern*, *Hörern*, *Rezipienten* usw. die Rede (eine Lösung, die die Autorin heute nicht mehr wählen würde).

Eine andere, ebenfalls sehr häufig gewählte Variante besteht darin, bei der ersten Nennung einer dieser Funktionsrollen eine Fußnote einzufügen, die erklärt, dass im Verlauf der gesamten Abhandlung immer nur die maskuline Form verwendet wird, dass diese jedoch sowohl Männer wie Frauen meine. Ein Beispiel (aus vielen anderen) ist das Buch »Entwicklung systemischer Therapie, Einblicke, Entzerrungen, Ausblicke« von Kurt Ludewig, Heidelberg: Auer, 2013. Dort heißt es auf Seite 10:

Textbeispiel VI

… der Ausblick besteht aus Ausschnitten eines im Jahr 2010 verfassten Briefes an die nächste Generation systemischer Therapeuten.

Der Ausdruck *Therapeuten* ist mit folgender Fußnote versehen:

Die in diesem Buch zur erleichterten Lektüre verwendete männliche Form schließt selbstverständlich auch die weibliche Form mit ein.

Diese Lösung schien lange Zeit sinnvoll, weil sie als »platzsparend«, »leicht verständlich«, »praktisch« usw. galt.

Wir halten sie für nicht sinnvoll. Angesichts der inzwischen vorliegenden psycholinguistischen und kognitionspsychologischen Erkenntnisse ist es klar, dass diese Form keineswegs eine »erleichterte Lektüre« erzeugt. Im Gegenteil: Für Frauen (also immerhin statistisch gesehen die Hälfte aller Personen, die den Text lesen) bedeutet diese Praxis ebenso wie die unkommentierte Verwendung des »generischen Maskulinums« eine erschwerte Lektüre, weil nicht aus den sprachlichen Formen selbst zu erkennen ist, wann sie »mitgemeint« sind und wann nicht.

Vermeiden Sie die »Frauen sind mitgemeint«-Fußnote.

Diese Fußnote trägt nichts zur Verbesserung der Gendergerechtigkeit des Textes bei und hat rein rechtfertigende Funktion: Sie ist ein Versuch, die Regeln gendergerechter Sprache einerseits zwar anzuerkennen, andererseits aber ihre Anwendung zu vermeiden, ohne dafür gescholten zu werden. Wir raten dazu, eine klare Entscheidung zu treffen: Wenn Sie der Überzeugung sind, dass das »generische Maskulinum« Frauen gleichberechtigt aufführt, wenn Sie ferner glauben, dass Ihre Leserinnen und Leser auch dieser Meinung sind, wenn Sie also meinen, dass diese sprachliche Form in der Tat die Funktion erfüllt, die ihr oft in traditioneller Orientierung zugesprochen wird, dann gibt es keinen Grund, die Verwendung der Form zusätzlich zu erläutern. In diesem Fall benötigen Sie diese Fußnote nicht.

Andererseits: Allein die Existenz dieser Fußnote, allein die gefühlte Notwendigkeit, sie setzen zu müssen, beweist, dass es eben nicht klar ist, wer gemeint ist, wenn in solchen Texten reine Maskulinformen stehen. Diese Fußnoten sind ein Hinweis auf die referenziellen Defizite dieser Form in dieser Vertextung.

Die referenziellen Defizite einer geschlechtsspezifischen Personenbezeichnung beim Versuch, damit **alle** zu bezeichnen, werden besonders bei der Verwendung des **»generischen Femininums«** deutlich. Diese Form wird von vielen als »ungrammatisch« angesehen (was sie nicht ist, da das Problem mit Grammatik nichts zu tun hat, sondern mit Gebrauchsgewohnheiten) und löst oft erhebliche Irritationen aus. Dies war auch der Fall bei der Einführung der neuen Grundordnung der Universität Leipzig im Jahr 2013. Der Senat der Universität beschloss, die Grundordnung im »generischen Femininum« zu formulieren und eine entsprechende Fußnote einzufügen.

Textbeispiel VII

Direkt an der Überschrift »Grundordnung der Universität Leipzig« (vom 6. August 2013) ist eine Fußnote angebracht, die lautet:

> *In dieser Ordnung gelten grammatisch feminine Personenbezeichnungen gleichermaßen für Personen männlichen und weiblichen Geschlechts. Männer können die Amts- und Funktionsbezeichnungen dieser Ordnung in grammatisch maskuliner Form führen.*

Die Ordnung selbst ist durchgängig in neutralen Formen oder im »generischen Femininum« formuliert. Ein typischer Paragraf sieht so aus:

> *»§ 12 Senat*
> *(1) Dem Senat gehören an:*
>
> *1. als stimmberechtigte Mitglieder durch Wahl*
> *a) aus der Gruppe der Hochschullehrerinnen: 11 Personen*
> *b) aus der Gruppe der akademischen Mitarbeiterinnen: 4 Personen*
> *c) aus der Gruppe der Studierenden: 4 Personen*
> *d) aus der Gruppe der sonstigen Mitarbeiterinnen: 2 Personen*
>
> *2. mit beratender Stimme:*
> *a) die Rektorin*
> *b) die Kanzlerin*
> *c) die Prorektorinnen*
> *d) die Dekaninnen*
> *e) die Gleichstellungsbeauftragte*
>
> *(2) Der Senat wird bei Berufungen von Professorinnen regelmäßig über die Funktionsbeschreibung der Professur, Ausschreibungstexte der Professur sowie die Zusammensetzung der Berufungskommission informiert.«*

Der mediale Aufruhr, den diese Lösung verursachte, zeigt, wie problematisch die Praxis des »Mitmeinens« von Männern oder Frauen durch die jeweils andere Bezeichnung ist. Beim »generischen Maskulinum« ist diese Problematik nur aus Gewohnheit lange Zeit nicht aufgefallen.

Es gibt eine andere Möglichkeit, diese Schwierigkeit bei der Bezeichnung nicht-spezifischer Gruppen und gemischter Gruppen zu lösen. Sie kommt aus dem englischsprachigen Raum und besteht darin, in beliebiger Folge männliche und weibliche Berufsbezeichnungen und Pronomen zu mischen. Diese Praxis ist umstritten, da viele sich verwirrt und abgelenkt fühlen. Andere halten sie für eine gute Möglichkeit. Ein konsequent durchgeführtes Beispiel gibt das folgende Buch: Rainer Schwing & Andreas Fryszer. *Systemisches Handwerk. Werkzeug für die Praxis*. (7. Auflage. Göttingen: Vandenhoeck & Ruprecht, 2015). Es wechselt in äußerst geschickter und vielfältiger Weise zwischen weiblichen und männlichen Bezeichnungen, Kollektiv-bezeichnungen, Neutralisierung sowie auch »generischem Femininum« und »generischem Maskulinum«.

Textbeispiel VIII

Die Autoren benennen ihre Absicht explizit:

> *»In den Formulierungen haben wir uns für einen willkürlichen Wechsel zwischen weiblicher und männlicher Form entschieden, gemeint sind immer beide Geschlechter.«* (S. 11)

Die folgenden Ausschnitte, die die Umsetzung des Vorsatzes illustrieren, finden sich auf den Seiten 11 f.:

> *»**Ausbilderinnen** und **Kollegen** des Instituts [...], **der wissenschaftliche Beirat** des Instituts, **Leserinnen**, die uns wertvolle Kritik und Anregung gegeben haben, **Klienten**, **Supervisanden** und **Kunden**, die uns wertvolle Rückmeldungen gaben.«*

Hier werden Maskulin- und Femininformen abwechselnd zur Bezeichnung aller verwendet. Daneben finden sich Neutralisierungen wie *Beirat*, im weiteren Text sind auch zahlreiche geschlechtsindifferente Bezeichnungen wie ***Studierende*** und ***Auszubildende*** verwendet.

Insgesamt ist ein solcher Text ein klares Bekenntnis zur Geschlechtergerechtigkeit und illustriert außerdem die vielfältigen Optionen, um Personen zu bezeichnen.

→ 5.4 Berichte über Geschehnisse

Texte dieser Art stellen Ereignisse oder Geschehnisse dar, die entweder vergangen sind oder aktuell stattfinden. Typische Textsorten mit dieser Funktion sind Protokolle, Reportagen, Geschäftsberichte, Nachrichtenmeldungen usw. Im Folgenden handelt es sich um den **Bericht** eines Unternehmens über eigene Aktivitäten:

Textbeispiel IX

> *Unsere Mitarbeiter haben z. B. einen Ausflug mit Bewohnern eines Altenheims begleitet und dienten ihren älteren Ausflugspartnern dabei als Koordinationshilfe, Unterstützer, Ansprechpartner und natürlich als netter Partner zum Plaudern.*

Es handelt sich hier um ein konkretes Ereignis in der Vergangenheit. Man fragt sich, welche Personen an dem Ausflug beteiligt waren. War es eine reine Männerveranstaltung (wie es sie ja durchaus, z. B. bei Vatertagsausflügen, gibt)? Oder beziehen sich die Maskulinformen auch auf Frauen? Alle Maskulinformen? War der »nette Partner zum Plaudern« in jedem Fall männlich?

Der Text lässt all dies offen. Er weist eine hohe referenzielle Unschärfe auf und ist unter Gendergesichtspunkten in dieser Form inakzeptabel.

Vorschlag mit gendergerechten Benennungen:

> *Unser Team hat z. B. einen Ausflug mit Bewohnerinnen und Bewohnern eines Altenheims begleitet und diente den Seniorinnen und Senioren dabei als Koordinationshilfe und Unterstützung. Besonderes Vergnügen aber bereitete allen Beteiligten die Möglichkeit zum Gedankenaustausch und zum netten Plaudern.*

Selbstverständlich sind noch viele andere Varianten denkbar, um diesen Bericht gendergerecht zu gestalten.

Textbeispiel X

Im universitären Kontext findet man in **Protokollen** von Berufungskommissionen oder Ähnlichem nicht selten die Namen der Beteiligten in der Form wiedergegeben, dass die akademischen Titel und Nachnamen genannt sind, die Vornamen jedoch nur mit Initialen wiedergegeben werden. Also z. B.

> *»Anwesend:*
> *Gruppe der Professorinnen und Professoren: Prof. Dr. M. Ambach,*
> *Prof. Dr. T. Einweg, Prof. Dr. S. Imbusch, Prof. Dr. I. Obersee, Prof. Dr. K. Umberg«*

Auch die Aufzeichnungen über den Ablauf des Verfahrens bzw. der Verhandlungen, also wer wann wo eingeladen war, vorgetragen hat, sich in welcher Weise geäußert hat, enthalten oft Namen, die in dieser Weise neutralisiert sind.

Die Geschlechtszugehörigkeit der beteiligten Personen wird dadurch übergangen und man könnte sich zunächst über diese Art der Gleichstellung freuen – die Frage des Geschlechts ist ja in der Tat für die Fähigkeit zur Mitwirkung in einer Kommission, zur Übernahme einer Professur oder dergleichen mehr nicht relevant.

Zu bedenken ist in solchen – institutionellen – Kontexten jedoch Folgendes: Die Gesetzeslage schreibt für die Besetzung von Kommissionen und anderen Gremien oft Quoten bzw. paritätische Besetzung vor, insbesondere in denjenigen Gruppen, die die Führungsebene repräsentieren. Diese Bestimmungen sind oft »Sollbestimmungen«. Die scheinbare Neutralität durch Tilgung der geschlechtsspezifischen Namensbestandteile kann in solchen Fällen dazu dienen, zu verschleiern, dass keine oder zu wenige Frauen in den entscheidenden Gruppen beteiligt sind. Dass dies nicht im Sinne der Geschlechtergerechtigkeit ist, dürfte deutlich sein. In solchen Fällen ist darauf zu bestehen, das Geschlecht der Mitglieder explizit zu machen.

Textbeispiel XI

In **Reportagen** und **Nachrichtenmeldungen** werden oft Gruppenbezeichnungen für die Darstellung von Sachverhalten und Ereignissen gebraucht:

> *Ein Problem im Stadtteil sind die Häuser, in denen Osteuropäer wohnen.*
> *Hier herrschen chaotische Zustände.*

Der Ausdruck *Osteuropäer* meint hier nicht nur Männer, sondern »osteuropäische Männer, Frauen, Kinder«. Wie könnte man hier besser formulieren? Abgesehen davon, dass solche Statements zuallererst auf ihren latenten Rassismus hin überprüft werden sollten, ist eine mögliche Lösung: »Menschen aus Osteuropa«, also:

> *Ein Problem im Stadtteil sind die Häuser, in denen Menschen aus Osteuropa*
> *wohnen …*

Durch diese Wahl wird auch der Rassismus – zumindest dieses Satzes – entschärft.

→ ## 5.5 Normative Texte

Hier sind Gesetze, Vorschriften, Verordnungen, Regelwerke aller Art erfasst. Es handelt sich um Texte, die eine allgemeine Verbindlichkeit haben: Sie gelten für alle, die es betrifft, und sie schreiben normativ bestimmte Arten des Verhaltens vor. Im Grunde sind dies auch direktive Texte, doch ist kein spezifischer Personenkreis gemeint. Die Regel gilt immer dann, wenn der entsprechende Fall eintritt; es ist nicht spezifiziert, ob er eintritt und wer genau beteiligt ist.

Um hier Sicherheit bezüglich der Bedeutung und Referenz herzustellen, wird gerade zur Formulierung solcher Texte die Nutzung gendergerechter Sprache vorgeschrieben – und oft auch die Auswahl der möglichen sprachlichen Formen hierzu festgelegt.

Wir haben oben bereits einen dieser Texte behandelt (Beispiel VII, die Grundordnung der Universität Leipzig), der durch die unübliche Verwendung des »generischen Femininums« die Relevanz gendergerechter Sprache auch und gerade in diesen allgemeingültigen Textsorten verdeutlicht hat. (Um diesen Zusammenhang zu verdeutlichen, haben wir diesen Text auch bereits vorne gebraucht, obwohl es sich um einen normativen Text handelt.)

Die meisten Texte dieser Art verwenden die gebräuchlichen Optionen der Doppelformen, der Neutralisierungen und gelegentlich auch einiger Kurzformen.

Textbeispiel XII

So werden beispielsweise in der **Promotionsordnung** der Philosophischen Fakultät der Gottfried Wilhelm Leibniz Universität Hannover durchgängig Doppelnennungen verwendet. Es heißt dort z. B. »Verleihung des Grades einer Doktorin oder eines Doktors der Philosophie«, »die Forschungsdekanin oder der Forschungsdekan«, »Doktorandinnen und Doktoranden«. Dies verlängert den Text ohne Zweifel. Doch steht gerade bei Ordnungen und Vorschriften die referenzielle Richtigkeit und Genauigkeit an erster Stelle, sodass in solchen Texten auf jeden Fall – auch wenn sie nicht unter gesetzliche Regelungen fallen – auf korrektes Gendern geachtet werden muss.

Daher muss ein Fall wie der folgende als **Negativbeispiel** gelten:

Textbeispiel XIII

In dem »**Merkblatt für Notare** über Beistandspflichten« der Oberfinanzdirektion Frankfurt am Main vom Dezember 2016 wird ausschließlich die Maskulinform »Notar« bzw. »Notare« verwendet, z. B. in »Merkblatt über die steuerlichen Beistandspflichten der Notare«, »Absendevermerk des Notars«, »der Notar ist verpflichtet …«. Dieses Verfahren wird in den Vorbemerkungen mit der uns schon bekannten »Frauen sind mitgemeint«-Anmerkung kommentiert:

> *»Geschlechterspezifische Bezeichnungen werden aus Vereinfachungsgründen lediglich in der männlichen Form verwendet.«*

Es ist allgemein akzeptiert, dass gerade Vorschriftentexte grundsätzlich nicht primär der Forderung nach »Vereinfachung« folgen können und dürfen, sondern maximale Explizitheit und Richtigkeit anstreben müssen, sodass die angeführte »Begründung« hier noch weniger akzeptabel ist als in anderen Texten. Kurz: Diese Lösung ist unter dem Gesichtspunkt der gendergerechten Sprache und dem Gebot der Nicht-Diskriminierung inakzeptabel.

→ *Laut § 4 Absatz 3 des Bundesgleichstellungsgesetzes und § 42 Absatz 5 der Gemeinsamen Geschäftsordnung der Bundesministerien sollen Bundesgesetze »die Gleichstellung von Frauen und Männern sprachlich zum Ausdruck bringen«. Der Gesetzgeber regelt allerdings nicht, wie die Gleichstellung sprachlich auszudrücken ist. Während die tatsächliche Gleichstellung zumindest als Ziel unstrittig ist, wird um das Wie des sprachlichen Ausdrucks derselben heftig gestritten. Denn die spezielle Textsorte ›Gesetz‹ hat Merkmale, die mit dem geschlechtergerechten Formulieren kollidieren: Abstraktion von allen Merkmalen einer Person, die für das zu regelnde Rechtsverhältnis irrelevant sind (wie z. B. vom natürlichen Geschlecht eines **Schuldners, Täters** etc.), extreme Intertextualität und Formalisiertheit oder die Differenzierung in juristische und natürliche Personen. Die nach Artikel 3 des Grundgesetzes gesicherte Gleichstellung nicht nur von Frauen und Männern, sondern von allen Menschen lässt v. a. neutrale bzw. generische Formen (die antragstellende **Person** bzw. **Mieter**) als zweckmäßig für Gesetze erscheinen. Für eine ausführliche Darstellung des komplexen Genderproblems in Gesetzen: siehe Baumann 2017.*

Dr. Antje Baumann, Bundesjustizministerium, Sprachbüro

→ 5.6 Selbstdarstellungen

In diesen Bereich fallen Texte, bei denen die »Ausdrucksfunktion«, also die der Darstellung der eigenen Positionen, Absichten und Eigenschaften, eine große Rolle spielt (neben anderen Funktionen). Typische Beispiele sind **Werbetexte** in Broschüren, Prospekten, Netzauftritten oder auch Interviews. Sehr typisch sind Texte wie der folgende, in dem eine Firma ihre starke Ausrichtung auf die Kundschaft anpreist:

Textbeispiel XIV

*Wir wollen **die Kunden** begeistern: **Kundenorientierung** ist für uns besonders wichtig, denn **Kundenbegeisterung** ist ein zentraler Erfolgsfaktor. Daher möchten wir herausfinden, was **der Kunde** gut oder schlecht findet.*

Unter der Perspektive der Gendergerechtigkeit weist dieser Text große Defizite auf. Die ausschließliche Verwendung der Maskulinform »Kunde« bzw. »Kunden« wirkt geradezu penetrant. Darüber hinaus wird hier eindrücklich vor Augen geführt, dass Singularformen, z. B. in »was der Kunde gut findet« erheblich negativer auffallen als maskuline Pluralformen, wie »die Kunden begeistern«, und dass Zusammensetzungen wie »Kundenorientierung« noch am ehesten tolerabel sind.

Es ist mit hoher Wahrscheinlichkeit anzunehmen, dass zahlreiche (potenzielle) Kun**dinnen** die Haltung, die aus diesem Text spricht, als Missachtung ihrer Person (bzw. der Personengruppe der Frauen) betrachten, sodass die angekündigten Bemühungen um bessere »Kundenorientierung« nicht den erhofften Effekt (des erhöhten Zuwachses an Kundschaft) haben dürften. Gendergerechte Sprache kann durchaus ökonomisch positive Effekte haben, während das Ignorieren von Frauen in der sprachlichen Kommunikation deren Interesse an den Angeboten negativ beeinflussen kann.

Entsprechendes gilt auch für das nächste Beispiel:

Textbeispiel XV

> *Wir befragen regelmäßig alle Mitarbeiter und Führungskräfte, denn wir möchten die Karrierechancen der weiblichen Mitarbeiter verbessern.*

Werden hier nur die männlichen Mitarbeiter befragt, wie die Karrierechancen der »weiblichen Mitarbeiter« verbessert werden können? Die referenzielle Unklarheit könnte hier leicht beseitigt werden, indem man von »Angestellten«, von »Mitarbeiterinnen und Mitarbeitern«, von »Firmenangehörigen« usw. spricht.

→ *Zum Abschluss:*

Mit diesen Beispielen ist das Spektrum von Texten und kommunikativen Anlässen – und damit die Vielfalt der Gelegenheiten zur Anwendung gendergerechter Sprache – bei Weitem nicht abgedeckt. Auch sind nicht alle Schwierigkeiten, die auftreten können, beseitigt. Wir hoffen dennoch, dass unsere Beispiele helfen, den Blick auf dieses weite Feld zu schärfen, und dass sie einige Fragen gelöst und einige Orientierungspunkte gesetzt haben. Und natürlich, dass sie Anregung für den eigenen Umgang mit Sprache bieten.

6 Historischer Abriss

Einordnung in den Zusammenhang der feministischen Diskussion

Der Diskurs über die Benachteiligung von Frauen durch Sprachsystem und Sprachgebrauch wird seit den Siebzigerjahren des letzten Jahrhunderts in vielfältigen Differenzierungen geführt. Im Kontext dieses Buches, in dem es um praktische Hinweise zum gendergerechten Sprachgebrauch geht, ist vor allem die Diskussion zum Gebrauch des »generischen Maskulinums« und zum Zusammenhang zwischen Semantik (Bedeutung) und Referenz (konkretem Bezug) in der grammatischen Kategorie Genus relevant. Dennoch wollen wir auf diesen letzten Seiten eine sehr knappe **Einordnung in den größeren Zusammenhang** der Debatte anbieten.

Die öffentliche Auseinandersetzung um gendergerechte Sprache hat sich im Kontext feministischer Strömungen entwickelt, in denen es um grundsätzliche Emanzipationsbestrebungen und die Durchsetzung gesellschaftlicher Gleichheit von Frauen und Männern geht. Die in diesem Umfeld entstandene moderne feministische Sprachkritik arbeitet die wichtige Rolle der Sprache bei der Diskriminierung bzw. erstrebten Gleichstellung von Frauen heraus. Dabei spielen historische Aspekte, also das Entstehen sprachlicher Strukturen und Normen in einer patriarchalisch geprägten Gesellschaft ebenso eine Rolle wie die gegenwärtigen Regeln und Konventionen des Sprachsystems und der Sprachverwendung. Zwei Schwerpunkte der Aufmerksamkeit waren von Anfang an: erstens die Kritik am Sprachsystem und an der Anwendung seiner Strukturen und Regeln (Sprachkritik) und zweitens kritische, soziolinguistisch orientierte Untersuchungen zu genderdifferenzierenden Gesprächsstilen bzw. zu »Frauensprache« versus »Männersprache«.

Zusammenfassungen und Überblicke über die Geschichte der feministischen Sprachkritik der 1970er- und 1980er-Jahre und der heftigen Angriffe gegen sie sowie ein Ausblick auf die **jüngeren Weiterentwicklungen** finden sich bei Bußmann 1995, Samel 2000 und – für jüngere Tendenzen – in Reisigl/Spieß 2017. Im Folgenden werden nur einige für unser Thema wichtige Kristallisationspunkte herausgegriffen.

Die Kritik der feministischen Sprachwissenschaft an den Regeln und Konventionen der Sprache, die Frauen diskriminieren, zielt nicht nur auf eine Veränderung der Sprache, sondern hat das Bestreben, durch Veränderung der sprachlichen Normen und Gebrauchsgewohnheiten emanzipatorischen Wandel zu unterstützen und sichtbar zu machen. Feministische Sprachkritik zielt somit nicht nur auf sprachlichen Wandel, sondern auf gesellschaftlichen Wandel.

Als Initiatorinnen und dezidierte Vertreterinnen dieser Richtung sind **Luise Pusch** und **Senta Trömel-Plötz** zu nennen. In ihren frühen Arbeiten haben sie mit ihren Beobachtungen zur Darstellung von Frauen in der Sprachstruktur und im Sprachgebrauch sowie durch Analysen des Gesprächsverhaltens von Frauen und Männern das Thema in die öffentliche Diskussion gebracht.

Trömel-Plötz thematisiert mit dem Aufsatz »Linguistik und Frauensprache« von 1978 verschiedene Gesprächsstile und sprachstrukturelle Diskriminierung von Frauen erstmals als legitimen und wichtigen Gegenstand sprachwissenschaftlicher Forschung. In Pusch 1979 wird sehr pointiert, humorvoll und durchaus auch polemisch eine Vermeidung sexistischer Sprache und ein aktives Hinwirken auf Sprachveränderung im Sinne der Gleichstellung von Frauen und Männern propagiert.

Auch **Gisela Schoenthal** hat früh mit fundierten linguistischen Beiträgen zu dieser Entwicklung beigetragen. Immer noch lesenswert und instruktiv ist ihr Aufsatz aus dem Jahr 1989 mit dem Titel »Personenbezeichnungen im Deutschen als Gegenstand feministischer Sprachkritik«. Sie stellt die feministischen Forderungen nach nichtsexistischer Sprache in die Tradition der aufklärerischen Sprachkritik des 18. Jahrhunderts und hält fest:

> »Dahinter steht in beiden Fällen eine Auffassung, die Sprache und Denken in engen Zusammenhang bringt. Sprache einerseits als Spiegel, als Ausdruck historisch gewachsenen Denkens, Sprache andererseits als Hindernis, eine sich wandelnde oder schon gewandelte Wirklichkeit wahrzunehmen, Sprache aber auch als Hilfsmittel, an dieser Wandlung mitzuwirken.« [Schoenthal 1989: 300]

Abschließend resümiert die Autorin: »Feministische Sprachkritik ist nicht nur Programm, sondern vollzogener Wandel und Wandel im Vollzug.« [Schoenthal 1989: 312].

Die Veränderung der deutschen Sprache und des Sprachgebrauchs im Kontext der feministischen Kritik und der Bestrebungen nach geschlechtergerechter Sprache ist ein »natürlicher« Teil allgemeiner und permanent ablaufender Sprachwandelprozesse, inklusive des begleitenden gesellschaftlichen Diskurses über diese Prozesse. Dass Sprache in permanentem Wandel begriffen ist und dass dieser Wandel sich immer im Sprachgebrauch, also in der mehr oder weniger bewussten, mehr oder weniger zielgerichteten Verwendung und Auseinandersetzung der Sprachgemeinschaft mit den Veränderungen vollzieht, ist in der diachronen Sprachwissenschaft quasi ein Allgemeinplatz und darüber hinaus seit Langem Gegenstand vieler Untersuchungen. In einfache Äußerungen gegossen, lautet das so: Sprache ändert sich, indem und weil sie gebraucht wird. Und ihre Veränderung folgt den gesellschaftlichen Rahmenbedingungen, den äußeren Einflüssen, neuen Bedürfnissen der je wichtigen Gruppen von Sprachnutzenden und so weiter und so fort. Jedes Sprechen, jeder Einzelfall von Sprachgebrauch verändert eine Sprache und greift damit in die Sprachstruktur und ihre Regeln ein. Gemeinsam getroffene Absprachen über bestimmte Gebrauchsnormen (wie sie z. B. in Orthografie-Reformen vorkommen) unterscheiden sich zwar von »unbemerktem« Wandel genau dadurch, dass sie eben beabsichtigt sind (und meist lautstark diskutiert werden), beide sind jedoch häufig und für das Funktionieren von Sprache notwendig.

Auch zur Debatte um das »generische Maskulinum« und die Benachteiligung von Frauen in Berufsbezeichnungen usw. ist bei Schoenthal 1989 bereits Wesentliches skizziert, wenn auch noch nicht in allen Details ausformuliert. Hier findet sich ein Zitat von **Baudouin De Courtenay**, einem Linguisten des frühen 20. Jahrhunderts, das zeigt, dass die von der neuen feministischen Sprachkritik erkannte Benachteiligung der Frauen durch die Setzung des »Männlichen« als Norm in der Linguistik bereits frühzeitig – wenn auch nur vereinzelt – als kritikwürdig wahrgenommen wurde. Das in Schoenthal wiedergegebene Zitat lautet:

> [dass] »diese in der sprache zum vorschein kommende weltanschauung, nach welcher das männliche als etwas ursprüngliches und das weibliche als etwas abgeleitetes aufgefaßt wird, gegen die logik und gegen das gerechtigkeitsgefühl verstößt«. [Baudouin de Courtenay 1929: 231, zitiert nach Schoenthal 1989: 297].

Ungeachtet solcher historischen Vorläufer stießen die Überlegungen und Vorschläge aus der feministischen Linguistik in den Siebziger- und Achtzigerjahren des 20. Jahrhunderts innerhalb der Disziplin – vor allem in der germanistischen Linguistik – zunächst auf heftige Opposition. Die Forderungen und Analysen wurden als unwissenschaftlich angesehen; der Diskurs um die Rolle der Sprache bei der gesellschaftlichen Auseinandersetzung mit emanzipatorischen Bestrebungen wurde als außerhalb der Sprachwissenschaft gelegen betrachtet.

Eines der Hauptargumente hierbei war, dass Sprache ein »unabhängiges« System aus Strukturen, Bedeutungen und Kombinationsregeln sei, das sozusagen vor den Bedürfnissen der Sprecher und Sprecherinnen existiere. Daher sei es illegitim, sprachlichen Wandel im Sinne erwünschter gesellschaftlicher Veränderungen zu fordern bzw. bewusst und gezielt zu befördern. Wir haben oben schon gesehen, dass diese Auffassung das Faktum des ständigen und unabdingbaren Wandels jeder »lebenden« Sprache ignoriert.

Trotz dieser Versuche, die Legitimität der neuen Bewegung zu untergraben, hat sie in den folgenden Jahrzehnten einen enormen Aufschwung genommen und sich – nicht nur in der Linguistik – als ernsthaftes wissenschaftliches Forschungsfeld etabliert. Darüber hinaus hat sie tief in die Gesellschaft hineingewirkt und zahlreiche Entwicklungen angestoßen, die einen anderen und reflektierten Umgang mit diesem Thema in vielen praktischen und alltäglichen Bereichen bewirkt haben. Wir wollen kurz einige Ergebnisse sowohl der Forschung wie auch der praktischen Anwendung und Wirkung ansprechen.

Durch historische und sprachvergleichende Studien wurden verschiedene Aspekte der grundlegenden Problematik beleuchtet, wie Frauen und Männer in Sprachstruktur und Sprachgebrauch repräsentiert werden. Dadurch konnten die aktuellen gesellschaftlichen Auseinandersetzungen um die Möglichkeiten zu Veränderungen auf eine solide wissenschaftliche Basis gestellt werden. Angeblich schon immer vorhandene sprachliche »Gegebenheiten« konnten als historisch variabel erwiesen werden (vgl. z. B. Doleschal 2002 zur Geschichte des »generischen Maskulinums«) und das Verhältnis von grammatischen, semantischen und pragmatischen Kategorien konnte durch den systematischen Vergleich verschiedener Sprachen und den Nachweis der großen Vielfalt in diesem Bereich auf eine neue, durch Sprachfakten fundierte Diskussionsgrundlage gestellt werden (Hellinger/Bußmann 2002 und 2003 sowie Aikhenvald 2016).

Für die praktische Umsetzung feministischer Forderungen nach geschlechtergerechter Sprache waren vor allem die zahlreichen psycholinguistischen, kognitionspsychologischen und textlinguistischen Studien zur Rezeption, Interpretation, Verständlichkeit und Lesbarkeit von verschiedenen sprachlichen Formen zur Bezeichnung von Personen relevant. Exemplarisch aus einer großen und immer noch wachsenden Zahl empirischer Untersuchungen seien hier nur Braun/Gottsburgsen/Sczesny/Stahlberg (1998), Braun/Oelkers/Rogalski/Bosak/Sczesny (2007), Rothmund/Scheele (2004) und Stahlberg/Sczesny (2001) genannt. Die meisten dieser und vieler vergleichbarer Studien befassen sich mit dem Kontrast des »generischen Maskulinums« und alternativer Formen (Beidnennung, Kurzformen mit Schrägstrich und dergleichen, Binnen-I, Neutralisierungen).

Zusammengefasst kann als Ergebnis festgehalten werden: Das »generische Maskulinum« führt eindeutig – das zeigen alle einschlägigen Untersuchungen – dazu, dass an Frauen als mögliche Referenzpersonen nicht oder erheblich weniger gedacht wird, dass Frauen durch diese sprachliche Form also nicht nur sprachlich nicht erscheinen, sondern auch in der Vorstellung von den Sachverhalten der außersprachlichen Welt nicht repräsentiert werden.

Weitere Ergebnisse dieser Studien sind, dass Doppelformen und andere Benennungsalternativen (mit Abstufungen) sehr viel besser zur gerechten und sachlich richtigen Darstellung beitragen und dass die Lesefreundlichkeit und Verständlichkeit der geschlechtergerechten Formen (mit Ausnahme von orthografisch komplexen Schrägstrichformen) nicht reduziert ist. Auch die angeblich negative ästhetische Wirkung geschlechtergerechter Sprache konnte – bei geschickter Anwendung – nicht bestätigt werden.

Keiner der Faktoren der Verständlichkeit, Güte der Formulierung und Lesbarkeit kann somit als Argument zur Vermeidung gendergerechter Formulierungen in Anschlag gebracht werden.

Als anerkannte und vielfach bestätigte wissenschaftliche Erkenntnis kann somit festgehalten werden, dass Formen wie das »generische Maskulinum« die Repräsentation von Frauen nachteilig beeinflussen und dass Alternativformen insgesamt vorteilhaft sind. Oder, auf einen kurzen Nenner gebracht: Das »generische Maskulinum« ist frauenfeindlich.

Angesichts dieser Sachlage verwundert es, dass immer wieder – vor allem, aber nicht nur in polemisch orientierten Äußerungen – das Gegenteil behauptet wird. Entweder die Vertreter und Vertreterinnen solcher Positionen haben keine Kenntnis der Forschungslage oder sie ignorieren diese. Ein Beispiel für derartige Fehlinformationen ist die von verschiedenen Seiten in den Medien vorgetragene Auffassung, dass bei Beidnennungen wie »Bäcker und Bäckerin« oder »Arzt und Ärztin« die Frauen jeweils zweimal genannt würden: nämlich nicht nur in der Femininform (also *Bäckerin, Ärztin*), sondern auch in der Maskulinform (also *Bäcker, Arzt*), da Letztere ja als »generisches Maskulinum« Frauen ohnehin immer mitmeine. Als Untermauerung der Auffassung, dass ein Maskulinum wie *Bäcker* keine geschlechtsspezifische Bedeutung aufweise, wird dann gelegentlich behauptet, dass *Bäcker* sich ebenso wie das Substantiv *Person* verhalte, das aber, wie wir im zweiten Kapitel gesehen haben, zu den geschlechtsindifferenten Substantiven gehört. Diese zeichnen sich nun dadurch aus, dass sie gar keine zweite (feminine oder maskuline Form) bilden können, da das semantische Merkmal des Geschlechts bei ihnen nicht vorhanden ist. Bei Substantiven mit zwei Formen – wie *Bäcker* – ist dies hingegen völlig anders.

Kurz, nach allem, was wir aus der Forschung inzwischen wissen, und nach den sehr grundlegenden und vereinfachenden Darstellungen, die wir in den vorhergehenden Kapiteln gegeben haben (z. B. die Unterscheidung von geschlechtsindifferenten Substantiven wie *Person, Genie* oder *Mensch* und semantisch geschlechtsunterscheidenden Substantiven wie *Hengst, Stute, Bäcker, Bäckerin,* die klare Trennung von grammatischem Genus und semantischem Geschlecht in Kapitel 2), dürfte klar sein, dass eine solche Argumentation weder die linguistischen Fakten korrekt wiedergibt noch die aktuelle Sprachpraxis angemessen erfasst.

Die einschlägigen Erkenntnisse aus verschiedenen Disziplinen, zusammen mit den immer stärker werdenden Forderungen nach gendergerechter Sprachverwendung, haben zu einer Vielzahl von Reaktionen in der kommunikativen Praxis geführt, die sich auch in zahlreichen **Leitfäden,** Empfehlungen und Richtlinien zeigen. Da diese Texte auch in der Wortwahl ihrer Titel und in der institutionellen Verankerung sehr viel über den Zeitgeist und die unterschiedliche Akzentuierung aussagen, haben wir sie hier im Text (und nicht im Literaturverzeichnis) untergebracht:

■ Einer der ersten Vorschläge stammt aus dem Jahr 1978 und wurde von **Ruth Wodak, Gert Feistritzer, Sylvia Moosmüller** und **Ursula Doleschal** verfasst. Er trägt den Titel:

> »Sprachliche Gleichbehandlung von Mann und Frau. Linguistische Empfehlungen zur Gleichbehandlung von Mann und Frau im öffentlichen Bereich (Berufsbezeichnungen, Titel, Anredeformen, Funktionsbezeichnungen, Stellenausschreibungen)« (Schriftenreihe zur sozialen und beruflichen Stellung der Frau 17/1978, herausgegeben vom Bundesministerium für Arbeit und Soziales).

■ Einflussreich und weit verbreitet ist auch der Leitfaden von **Marlis Hellinger** und **Christine Bierbach** aus dem Jahr 1993 mit dem Titel:

> »Eine Sprache für beide Geschlechter. Richtlinien für einen nichtsexistischen Sprachgebrauch. Mit einem Vorwort von Irmela Neu-Altenheimer.« Herausgegeben von der Deutschen UNESCO-Kommission, Bonn.

■ und der Leitfaden von **Friederike Braun** aus dem Jahr 2000:

> »Mehr Frauen in die Sprache. Leitfaden zur geschlechtergerechten Formulierung.« Ministerium für Justiz, Frauen, Jugend und Familie des Landes Schleswig-Holstein. (www.fh-kiel.de/fileadmin/data/gleichstellung/Mehr_Frauen_in_die_Sprache.pdf, Abrufdatum 30. Juni 2017)

Aufschlussreich ist auch ein Blick in den Leitfaden der EU, der hier für die deutsche Fassung verlinkt ist, der aber analog auch für andere europäische Sprachen vorliegt:

> Europäisches Parlament (2008): Geschlechtergerechter Sprachgebrauch beim Europäischen Parlament: (www.europarl.europa.eu/RegData/publications/2009/0001/P6_PUB(2009)0001_DE.pdf, Abrufdatum 30. Juni 2017).

Die meisten dieser und ähnlicher Handreichungen haben einen bestimmten institutionellen Hintergrund mit entsprechenden rechtlichen Regelungen und ein bestimmtes Publikum sowie definierte Anwendungsbereiche im beruflichen Umfeld.

Die Leitfäden sind inzwischen selbst zum Gegenstand zahlreicher Untersuchungen geworden. Die neueste wurde vorgelegt von **Karin Wetschanow** (2017) und widmet sich neben der Geschichte der Leitfäden einer Analyse ihrer unterschiedlichen Zielrichtung und politischen Orientierung. Die Arbeit kommt zu dem Ergebnis, dass zwischen dem Impuls zur aktiven Veränderung und dem Bedürfnis nach gendergerechter und zugleich »korrekter« Sprache ein Spannungsverhältnis besteht, das sich in vielen Ratgebern niederschlägt.

Leitfäden, die sich schwerpunktmäßig dem zweiten Ziel verpflichtet zeigen, machen Vorschläge für eine angemessene Nennung von Männern und Frauen, die sich meist jeglicher (selbst kleinerer) Eingriffe in das Sprachsystem enthalten. Entsprechend empfehlen sie Paarformeln bzw. Beidnennung *(sehr geehrte Hörer und Hörerinnen)*, Schrägstrichlösungen *(der/die Anwärter/-in)*, den Einsatz neutraler, kollektiver oder abstrakter Bezeichnungen *(Fachleute, Leitung, Kundschaft)* usw. (z. B. Schoenthal 1989, Hellinger/Bierbach 1993).

Andere Leitfäden richten ihren Fokus weniger auf korrekte faire Sprache bzw. deren Normierung und Vermittlung, sondern haben vorwiegend gesellschaftspolitische Intentionen. Hier ist vor allem der von **Lann Hornscheidt** und der Arbeitsgruppe Feministisch Sprachhandeln der Humboldt-Universität zu Berlin herausgegebene Leitfaden zu nennen:

> *AG Feministisch Sprachhandeln der Humboldt-Universität zu Berlin (Hg.) 2014/2015: Was tun? Sprachhandeln – aber wie? W_Ortungen statt Tatenlosigkeit! Anregungen zum antidiskriminierenden Sprachhandeln, 2. Aufl. Berlin.*

Dieser im Forschungskontext der Gender Studies erarbeitete Leitfaden ist inzwischen weitverbreitet und wird intensiv diskutiert. Hier werden neben anderen Mitteln auch massive Eingriffe in die Sprachstruktur empfohlen, darunter die Ersetzung aller Endungen, die Genus kennzeichnen, durch x, also z. B. *sehr geehrtx Professx* für *sehr geehrte(r) Professor(in)*, sowie verschiedene diakritische Markierungen wie der Unterstrich oder der Genderstern.

Kritisch zu diesen Formen äußert sich **Helga Kotthoff**, die anführt, dass solche Praktiken mehr der »Identitätspolitik der Schreibenden« dienen würden als dem Anspruch auf geschlechtergerechte Sprache (Kotthoff 2017: 91).

Unser Ratgeber ist nicht der Ort, auf diese Debatte genauer einzugehen. Wir möchten abschließend nur darauf hinweisen, dass die neueren Bewegungen und Bestrebungen in Weiterführung der Thesen von **Judith Butler** (1991) davon ausgehen, dass Gender grundsätzlich nicht auf eine Opposition zwischen männlich und weiblich beschränkt ist, sondern in gleitenden Übergängen sozial ausgehandelt wird. Darauf nehmen die Vorschläge zu neuen sprachlichen Ausdrucksmitteln Bezug.

Wie auch immer die weiteren Diskussionen und Lösungen in diesem großen und gesellschaftlich hochrelevanten Bereich aussehen werden – wir hoffen, dass wir mit diesem kleinen Buch der Mehrheit der an geschlechtergerechter Sprache Interessierten eine Orientierung zur Verfügung stellen, mit der die eigene Sprachpraxis im Hinblick auf Gendergerechtigkeit besser und mit mehr Vertrauen in die Vielzahl der eigenen Ausdrucksmöglichkeiten ausgeübt werden kann.

Literatur

AG Feministisch Sprachhandeln der Humboldt-Universität zu Berlin (Hg.) (2014/2015): *Was tun? Sprachhandeln – aber wie? W_Ortungen statt Tatenlosigkeit! Anregungen zum antidiskriminierenden Sprachhandeln*, 2. Auflage. Berlin.

Aikhenvald, Sandra (2016): *How Gender Shapes the World*. Oxford / New York. Oxford University Press.

Baumann, Antje (2017): »Gendern in Gesetzen? – Eine spezielle Textsorte und ihre Grenzen«. In: *Die Teufelin steckt im Detail. Zur Debatte um Gender und Sprache*. Hg. Antje Baumann / André Meinunger. Berlin: Kadmos, 196–226.

Braun, Friedericke / Gottsburgsen, Anja / Sczesny, Sabine / Stahlberg, Dagmar (1998): »Können Geophysiker Frauen sein? Generische Personenbezeichnungen im Deutschen.« *Zeitschrift für Germanistische Linguistik* 26, 265–283.

Braun, Friederike / Oelkers, Susanne / Rogalski, Karin / Bosak, Janine / Sczesny, Sabine (2007): »›Aus Gründen der Verständlichkeit ...‹ Der Einfluss generisch maskuliner und alternativer Personenbezeichnungen auf die kognitive Verarbeitung von Texten.« *Psychologische Rundschau* 58, 183–189.

Bühler, Karl (1999/1934): Sprachtheorie: die Darstellungsfunktion der Sprache. Stuttgart: UTB.

Bußmann, Hadumod (1995): »Das Genus, die Grammatik und – der Mensch: Geschlechterdifferenz in der Sprachwissenschaft.« In: *Genus. Zur Geschlechterdifferenz in den Kulturwissenschaften*. Hg. Hadumod Bußmann / Renate Hof / Elisabeth Bronfen. Stuttgart: Kröner, 114–160.

Bußmann, Hadumod / Hellinger, Marlis (2003): »Engendering female visibility in German.« In: *Gender across languages. The linguistic representation of women and men*. Vol. 3. Hg. Marlis Hellinger / Hadumod Bußmann. Amsterdam [u. a.]: Benjamins (IMPACT: Studies in Language and Society 11), 141–174.

Butler, Judith (1991): *Das Unbehagen der Geschlechter*. Frankfurt am Main: Suhrkamp.

de Courtenay, J. Baudouin: »Einfluß der Sprache auf Weltanschauung und Stimmung« (Drei Vorträge, gehalten in Kopenhagen Ende Mai und Anfang Juni 1923 auf Einladung des Rask-Ørsted-Komitees), in: *Prace Filologiczne*, T. XIV, 1929, 184–225. Odb. Warszawa, 1929 8° s. 71. (crecleco.seriot.ch/textes/BdeC29/txt.html).

Doleschal, Ursula (2002): »Das generische Maskulinum im Deutschen. Ein historischer Spaziergang durch die deutsche Grammatikschreibung von der Renaissance bis zur Postmoderne.« In: *Linguistik online* 11, 2/02 (www.linguistikonline. de/11_02/doleschal.pdf).

Grabrucker, Marianne (1988): »Die Rechtssprache ist männlich.« In: *Anwaltsblatt* 12, 613–617.

Grundgesetz für die Bundesrepublik Deutschland, vom 23. Mai 1949 (BGBl. S. 1), zuletzt geändert durch Artikel 1 des Gesetzes vom 23.12.2014 (BGBl. I S. 2438).

Hellinger, Marlis / Bußmann, Hadumod (2002): *Gender Across Languages. The Linguistic Representation of Women and Men*. Vol. II. Amsterdam/Philadelphia: Benjamins.

Hellinger, Marlis / Bußmann, Hadumod (2003): *Gender Across Languages. The Linguistic Representation of Women and Men*. Vol. III. Amsterdam/Philadelphia: Benjamins.

Hennig, Mathilde (Hg.) (2016): Dudenband 9 – *Das Wörterbuch der sprachlichen Zweifelsfälle*. 8. Auflage. Berlin: Dudenverlag.

Kotthoff, Helga (2017): »Von Syrx, Sternchen, großem I und bedeutungsschweren Strichen. Über geschlechtergerechte Personenbezeichnungen in Texten und die Kreation eines schrägen Registers.« In: Obst 90, 91–116.

Obst 90 = Osnabrücker Beiträge zur Sprachtheorie 90 (2017): *Sprache und Geschlecht. Band 1: Sprachpolitiken und Grammatik*. Hg. Constanze Spieß / Martin Reisigl.

Pettersson, Magnus (2011): *Geschlechtsübergreifende Personenbezeichnungen. Eine Referenz- und Relevanzanalyse an Texten*. Tübingen: Narr (Europäische Studien zur Textlinguistik, Bd. 11).

Pusch, Luise F. (1979): »Der Mensch ist ein Gewohnheitstier, doch weiter kommt man ohne ihr.« In: *Linguistische Berichte* 63, 84–102.

Pusch, Luise F. (1999): *Die Frau ist nicht der Rede wert*. Frankfurt am Main: Suhrkamp.

Reisigl, Martin / Spieß, Constanze [2017]. »Sprache und Geschlecht als Gegenstand der Linguistik.« In: Obst 90, 7–32.

Rothmund, Jutta / Scheele, Brigitte (2004): »Personenbezeichnungsmodelle auf dem Prüfstand. Lösungsmöglichkeiten für das Genus-Sexus-Problem auf Textebene.« In: *Zeitschrift für Psychologie* 212, 40–54.

Samel, Ingrid (2000): *Einführung in die feministische Sprachwissenschaft*. 2., überarb. und erw. Aufl. Berlin: E. Schmidt.

Schoenthal, Gisela (1989): »Personenbezeichnungen im Deutschen als Gegenstand feministischer Sprachkritik.« In: *Zeitschrift für Germanistische Linguistik* 17, 296–314.

Stahlberg, Dagmar / Sczesny, Sabine (2001): »Effekte des generischen Maskulinums und alternativer Sprachformen auf den gedanklichen Einbezug von Frauen.« In: *Psychologische Rundschau*. 52, Nr. 3, S. 131–140.

Trömel-Plötz, Senta (1978): »Linguistik und Frauensprache.« In: *Linguistische Berichte* 57, 49–69. [Abdruck in: Dieselbe (1982): *Frauensprache – Sprache der Veränderung*. Frankfurt am Main: Fischer. 35–58.

Wetschanow, Karin (2017): »Von nichtsexistischem Sprachgebrauch zu fairen W_ortungen – Ein Streifzug durch die Welt der Leitfäden zu sprachlicher Gleichbehandlung.« In: Obst 90, 33–59.

Internetseite mit vielen Beispielen: geschicktgendern.de (zuletzt abgerufen am 30. Juni 2017).

Register